JAGGED | TIMELINE

JAGGED | TIMELINE

ROBERT GIBBONS

BILINGUAL EDITION

SELECTED AND TRANSLATED
WITH AN INTRODUCTION BY
BENT SØRENSEN

EyeCorner Press

Jagged Timeline

Published by EYECORNER PRESS, March 2010

ISBN: 978-87-992456-7-3

Cover design and layout: Camelia Elias

Printed in the US and UK

ACKNOWLEDGEMENTS

"To Lead America Out of Trouble," and "Under Cuban Sun," were first published in **Counterpunch**; "The Aesthetics of the Fragment," in **Double Room**; "Aegean Shimmering," **The Drunken Boat**; "Last Train to Montpellier," "Purity & Mercy," and "Spent some Time with Lorca in New York," **Evergreen Review**; "Close Reading," and "Self-Portrait, after Rilke," **Jack Magazine**; "At the End of Writing," **Jacket**; "The Disasters of War, and "The Painting Speaks" **Janus Head**; and "The Physical Universe," in **Poetrybay**.

"The Present is the Roof of Time," appeared in the chapbook, *This Vanishing Architecture*, published by Mark Olson at Innerer Klang Press.

"Dance of Time," "The Music of Time's Disappearance," and "When Love Cavorts with Time," were included in the online chapbook, *Beyond Time*, published by Andrew Lovatt in Dublin.

CONTENTS

A MANIFOLD INTRODUCTION

Bent Sørensen | 9

POEMS

Robert Gibbons | 45

AFTERWORD

Robert Gibbons | 177

The American bards shall be marked for generosity and affection and for encouraging competitors... . The great poets are also to be known by the absence in them of tricks and by the justification of perfect personal candor... . How beautiful is candor! All faults may be forgiven of him who has perfect candor.

—Whitman, *Preface to Leaves of Grass*

J A G G E D |TIMELINE

A Manifold Introduction

BENT SØRENSEN

1 Time & Space – Timelines & Pages

Robert Gibbons is one of the finest practitioners of prose po-
etry in the US today. His words flow with speed and grace across
white pages or screen spaces, framing the emptiness of their
own margins, being larger inside than their boundaries would
suggest possible, folding back on themselves and spilling off the
margins of the pages and screen spaces they habitually occupy.
As Charles Simic suggests in his playful definition of the prose
poem ("A burst of language following a collision with a large
piece of furniture..."), prose poetry always explodes out of a lin-
guistic collision in the mind of the writer where juxtapositions
between the mundane and the unexpected can freely occur. Po-
ems such as these, that are created through the process Derrida
has dubbed 'double invagination,' folding time and space, again
and again, contain so much energy within their boundaries that
text alone threatens to be unable to contain it for long.

Unfolding such vaginations will in fact produce the effect in
the reader that he or she creates new textual vistas to inhabit
with body and mind, textual spaces that are spun around specific
markers of time and geography, yet so far flung that only the
metaphor of the Jagged Timeline adequately describes the read-
er's dual experience of being fixed in time, yet set free of its lin-
earity and unilaterality to travel to places and Times one could
not reach without the poet's guidance. The explosion in the writ-
er's mind is thus successfully translated into a movement of the
reader's mind into uncharted territory.

The bursts of language in Gibbons' texts communicate with us
in rising and falling arcs of signification. In most of his poems he
seeks to explore Time, and he does so in the most specific of

manners by naming points or sweeps of temporal extension, bound up in equally precisely named spatial localities – yet the resulting text is often paradoxically Beyond Time in its mytho-poeic thrust. Gibbons' thoughts on Time run a gamut that takes the reader from seeing it possess a "grand anonymity" to achieving a certain cohesion and, indeed, embodiment. What begins expressed through absence of name is at the end embodied and humanized: time "in Flux with a body made of ethereal energy" – a friend, a familiar, a presence happily cavorting with Love.

The textual space that Gibbons uses up in the effort of taking us on this journey of discovery is minimal and liminal at the same time. A poem is more often than not easily contained on one page. Yet the space of the poems is always tangible and concrete and much larger in its temporal framing than one could possibly decode at a first glance. One is tempted to say his poetic space is 'real,' even at its vastest diversity of settings and locales, and even when it enters full-fledged dream time.

2 The Personal is Still Political

Let me fold back and begin again. Over the last several years I have been in the privileged situation of being the recipient of new poems from Robert via e-mail, at an amazing rate and in an almost constant flow. I therefore have known many of his poems ahead of time of publication. I also know his previous books of prose poems, *Body of Time*, *Beyond Time* and *Travels Inside the Archive*, as a very much live and evolving body of work... In the summer of 2006, I even had the joy of meeting Robert and his wife at a poetry conference in Scotland, an event which took

Robert on a new journey of discovery in exotic locations such as Glasgow, Edinburgh and Bridge of Allan – places that he breathed life into in some of the pieces he wrote in the following months. All this is to say that I do not read Robert's poetry innocently (as if any critic ever does read a text innocently), but at the same time I do so with the greatest of sympathy, as a man might read dispatches from the frontline from a friend who has been in the campaigns for a long time: with a mixture of anxiety and excitement. In the pieces I recognize Robert himself, his references to life and work in Portland, Maine, to his travels, to his readings, to his wife and muse and special caregiver, Kathleen, as 'real', yet of more general interest than such references would have in a personal letter to me. This reading position is perhaps unique to me and a few other friends of Robert's, but yet there is a candour and openheartedness in Robert's work that invites other readers into an equally giving and generous relationship with his words. We are all seated in Robert's great circle of friendship and community, and enriched thereby.

Similar to the best work of Charles Olson, Frank O'Hara, and Jack Kerouac, Gibbons confesses to us the trials and tribulations of the quotidian, but in doing so he does so much more by pointing to the constant struggle for transcendence – beyond ourselves and our Time-bound existence – that we all engage in whether willy-nilly or by design. Robert is a seeker by nature, but one who lets serendipity do its subtle work and one who is unafraid to embrace and celebrate the results thereof. The design that he shapes in his life and texts in turn shapes him and his texts and life. Connection being all, Gibbons has over the years graciously supplied one set of dots after another that we can study and begin to draw lines between, when we read the collections of poems mentioned above, or some of the smaller chapbooks and online portfolios he has published, for instance *Time on Water* in *The Drunken Boat* and an earlier version of *Beyond Time* in *Dead-DrunkDublin*. The arc of those poem sequences spans the internal and the eternal, reaching from dream to memory. The connector here is the body as a living carrier of language – language not disembodied, but pulsating, rhythmic, fluid as blood. Gibbons' practice is one of discovery (of trees, birds, books) and of "documenting experience", or as he suggests, of living twice, once in the experience (or the dream thereof), and once again "as intense, or more so" in "the second life of writing".

His poetics, never disembodied or vapidly spiritual, suggests the tactile quality of language. Words caress you or may be caressed as bodies do and are. Words are therefore all we have and all we are, but they are never enough: "I'd film words like Godard, if I could, chant like Coltrane, if need be paint a sign like Kline," Gibbons states. The poems bear this out in their flow of sounds and images referred to, described, alluded to, suggested, created anew. Other great improvisers also waft through the lines and emotions of the poems: Keith Jarrett on piano, O'Hara on museum stationary, Pollock dripping blood and paint on canvas... The burst of language in the prose is violent, flowing with great energy and speed as a molten lava mass from the core – only to end up a suspended, shimmering substance captured on the page or screen, inert, but upon reading, becoming unstuck in time again, speeding into the reader's mind. "Speed of language counts. Prose speeds." Gibbons is utterly committed to spontaneity, to the improvisation that knows not where it is going to end "until last tap at keyboard". Again the spirit of Kerouac and Ginsberg lives on in such statements, as does the bravado of older prose writers such as Hemingway, tossing off great chunks of copy in little time.

Through Gibbons' efforts of connecting places and spaces and bridging time to time, the reader's sense of gravity and linearity is happily challenged. The references along the way to world and biography as well as to texts, intertexts and fantasy sweep us off our feet, yet simultaneously keep us busy thinking, reaching for our encyclopaedia or our keyboard, inviting us as true hypertext navigators to download Bill Evans *I Do It for Your Love* or Bach's *Komm Süsser Tod*, Google Anselm Kiefer's *Sefer Hechaloth* and Chagall's *Nude Above Vitebsk*, reference Pietro Aretino's 16th century pornography, look up the *Freja Fionia* or the *Rio Genoa* in the shipping news, etc., etc. All of that we do for Robert, but also for ourselves, for what it's worth, for what we might learn and be the richer for.

3 The Politics of Publishing

Let us not forget that there is another fold, so let us begin again with the body which harbours these longings and desires and for which we really do all these things. Gibbons' poems describe such longings, urges and fears of departure as can only be found in an old, battered but still desirous, great-hearted body. Often Gibbons comments on his own advancing age and the end that he is serenely anticipating for this life. Equally often he envisages that the work and the community out of which he had created it is here to remain much, much longer. Indeed, over four decades Gibbons has remained an unincorporated, strongly political, and consistently dissident voice in the American landscape of Little Magazines and independent publication. Unaffiliated with any formal movement or coterie Gibbons has instead focused on developing his personal poetics of nonconformity, within the hybrid form of the prose poem.

While being forced early on to depend on the acceptance of journal editors to find publication outlets, Gibbons has latterly begun utilizing internet and web-based publication options to a much larger extent. His spontaneous composition ideals make his output, which at times mimics forms such as the journal, the almanac and the blog, ideally suited for a quick turn-around in terms of publication. His confessions and reportage from a place-bound life on the streets of his favorite cities and among clean, well-lighted book-stacks balance carefully between the personal and the political, detailing the vagaries of having a compulsion to write for dear life while simultaneously being compelled to work for a living.

Parallel with his increasing utilization of 'fast' media, Gibbons has continued to work within more traditional little magazine outlets, such as *The Evergreen Review*, where recent poems have just appeared. The multiplication of publication outlets provided by the Web means that publication and gate-keeping in the arts have changed completely, and that whole new rules for peer, coterie and/or self-publication are now in place. Gibbons has navigated this new multifaceted field in a manner that could well be characterized as a celebration of 'indefatigable privateness', i.e. the visions of the individual – yet equally so as an indefatigable political commitment to a community, both local and global.

The cultural climate of the first decade of the 21st century bears striking resemblances to the 1950s. Consider that a new layer of frosty conservative warmongering, neo-religious "scum" (a word Kenneth Rexroth famously used to describe the stale Conservatism of the fifties in an early issue of *Evergreen Review*) has formed over the American political and cultural scene, and consider further that recent changes in the landscape of publishing technologies have paved the way for a new undertow of molten lava to move with some increased ease underneath the frozen surface of media conglomerates who have swallowed up the world of publishing like so many Ginsbergian Molochs. Consider now the possibility that a new eruption of Little Magazines has occurred to match and surpass the second flowering of the 1950s to 1980 – it is just that we as academics may have been slow to notice this eruption, given that it occurs in a new guise and under a new name: that of blogging and self-publication. As a result the traditional mechanism of gate-keeping and canon-building are under imminent threat of extinction.

For Gibbons the aesthetics of the dissident poetry of the 1950s, 60s and 70s still constitute the most relevant programmatic around. I quote again his welcome note from his website: "Language having more to do with blood than dictionary, physical as much as cerebral. Spontaneous more than calculated. Rife with sensuousness. As internal as dream, eternal as memory. The insistence of pulse, breath, & bodily fluid. Blood of Love, I wrote once, dripping it repeatedly down the page, Blood of Love, Blood of Love, which could have culminated in a yell, "Stella!" If that were her name. Always the feet tracing streets from Paris to Barcelona; a dialogue of the citizenry of self with city & history. Skin & bone & wound. Letter by letter back home documenting experience. The second life of writing, as intense, or more so, than living. Aesthetic based on the tactile. The chew of the word. A certain taste, not always familiar." One can here once more highlight the utter commitment to speed and spontaneity which evokes the figures of Beat writers such as Ginsberg and Kerouac. One notes also the commitment to interarts inspiration: painting, sculpture, music, dance and writing flow into one another and cross-pollinate and fertilize each other. The role of the senses and their embodied home also screams out of the page even if the word they form is not necessarily "Stella!" – which of course brings us to the final insistence on constant intertextual awareness, the knowledge that no-one can make it new without first coming clean about the fact that writing and texts are by definition old, bound up in Time...

For Gibbons who cites Charles Olson, more than any other American poet, as his inspiration and who yet finds his poetry in the quotidian of a latter-day O'Hara; who adulates the prose speed of Hemingway and Kerouac, yet crafts his words within his chosen paradigm of the prose poem with as much calculation of effect as did Edgar Allan Poe – the holy grail of magazine publication for many years had remained appearing in the pages of *The Evergreen Review*. When that finally happened in 2007, the poem Gibbons debuted with read as follows:

Tear Yourself Away

> *It's indelicate to say things twice,*
> *except in prayer.* – Jim Harrison

Jane Harrison, in her *Prolegomena*, says that all concentrated attention is prayer. To read, then? To be in the middle of the book, when the whole of the second half lies ahead, each leaf left to savor, absorb, talk with, examine & reexamine, & if difficult, take strict notes in order to etch the text into our hermetic cortex. A litany, then?

So who's responsible for the curse & blasphemy of the bombing of the ancient booksellers' & manuscript dealers' market on Mutanabi Street in Baghdad on Monday? Who rendered pieces of flesh strewn over torn pages erasing words? What long-term consequences are there to destruction of tomes by incineration in propane extinguished by fire hoses, vanished scrolls resembling Souls of human corpses?

America, tear yourself away from your cell phones, take a break from the rat race & worship of celebrity! America, tear away your fundamentalist cataracts, & realize that the Tigris River is within walking distance of Mutanabi Street! America, tear yourself away from the false seduction of American mass culture as superior to others, & know that the Euphrates is more than a long, flowing line on a grade school map drawn in crayon!

What is immediately striking in this poem is how 'out of time' it strikes one as being, both in its formal citation or downright copying of Ginsberg's litany of American woes in the last stanza, and content-wise in its emphasis on the sacred status of the text over that of the body (the fragmented bodies of the bomb victims insult the written word on the fragmented page by eliding its meaning). The aesthetics of Gibbons' howl and the insistence on the sacred as the only drive that can save America from itself is of course a page straight out of *The Evergreen Review's* Issue 2 which reprinted Ginsberg's *Howl for Carl Solomon* in its entirety...

What makes Robert Gibbons a 21st century American poet, however, is that he didn't sit around and wait for the Zeitgeist to come full circle so that he could be right for the pages of *The Evergreen Review*. Rather he wrote every day of his entire poet's life and lately he has begun to publish himself every day as well. Not only has he kept a log which features one or two poems a day for two years. He also uses his web page to gradually collect and link to all the other work of his that has appeared online since the turn of the millennium. Where before that, he limited his attempts to circumvent the occasionally hostile gatekeepers to publishing the odd printed chapbook, he now plays all the strings available to the contemporary troubadour. He contributes relentlessly to a number of online magazines that accept and publish poetry. The list of these occasional poems in Gibbons' oeuvre is far too extensive to reproduce here, nor would it serve much purpose to do in an old-fashioned non-dynamic medium such as the printed book, as this list grows daily and is a dynamic work in progress being performed by Gibbons and his tireless web master Brad Fuller.

The venues vary from the academic journal type publication of *Studio* (published by a Canadian university) to more partisan, independent and highly political outlets such as *Counterpunch*. In fact it was a truly remarkable day when Gibbons set a new record for turnover in his writing to publication ratio by placing the poem "Very Contemporary, Goya" in *Counterpunch* within 2 hours of composing it! Gibbons wrote to me: ""Very Contemporary, Goya" – Written at 1:15, 3/1/08 – published 3:15, 3/1/08. [...] Yes, must be new record. I finished writing it, checked their status, which was about ¾ already posted, but in process, asking in cover if there were a chance they could fit it in today, which they managed, much to my surprise & delight."

This piece is, not accidentally, also among Gibbons' most vitriolic and politically motivated work:

"So very contemporary, Goya, with quick brushstrokes loaded with ink to expose tyranny for its ignorant bloodlust the torturous contortions of the human body cuffed chained tied twisted without pity where there must have been pleasure derived by the sexually repressed executioners gagging & blindfolding victims Spain as dark hidden Abu Ghraib as America, who Ferdinand VII means nothing to, including me, but we can sure as Hell name names now Wolfowitz Rumsfeld Cheney Bush sexually repressed executioners gagging & blindfolding knees of victims always bent down in forced allegiance to power's ignorant bloodlust you nameless victims Goya depicts quickly in pain & horror so very contemporary, Goya!"

What the case of Robert Gibbons, as a proudly political and erudite poet, teaches us is that the aesthetics of disaffiliation that Rexroth advocated as the only survival for the poet and thinker over 50 years ago in *The Evergreen Review* Issue 2 is still held up, both by individual poets such as Gibbons, and by surviving Little Magazines such as *The Evergreen Review* itself (now up to issue 119), but more than anything by the new flood of Little Magazines known as blogs and online journals and other electronic publications. Unlike the old-fashioned broadsides which occasionally had a quick production time approaching that of blogs and online newspapers, but were severely limited in reach and circulation (in effect local only), web-carried media are global and theoretically unlimited in number of readers. In such a day and age it is more crucial than ever to remain unincorporated, intelligent and unflinchingly honest and political. The poem quoted above may be more Olson or Snyder than Ginsberg, but the luminous quality of the work is undeniable. Such is the practice of a contemporary hermetic monk and dissident poet.

4 The Return of the Repressed

Taken together, Robert Gibbons' most recent volumes, *Beyond Time – New and Selected Work 1977 - 2007* and *Travels Inside the Archive* form a rare vantage point from which to open a discussion of the themes that recur in and inform his poetry. Both these volumes being retrospective and books intended for collecting work that has accumulated, albeit in very different ways, they allow the critic to read them for the long lines of recurrence and variations over themes they contain. *Beyond Time* is the poet's own selection of his older production, juxtaposed by the new work that adds to and argues with the older concerns. These concerns are, to an extent, formal ones, mostly revolving around the giving-up of the stanza-form, rhymes other than alliterative patterns, and many other features often thought essential markers of the very expression of poetry itself. In addition there are thematic preoccupations that emerge already from the title of the selections onwards, having to do with the writer being embodied and incapable of escaping this condition other than through going the way of all flesh. One cannot, therefore, go Beyond Time and live – nor can one tell the story of going Beyond. Nonetheless the poet is mandated to try. A strong credo is thus formulated that writing is part of the poet's bodily functions, as essential as those other drives that we more conventionally ascribe to the carnal existence of a human being. For Gibbons, writing is as close to an instinct or a drive as the fulfillment of hunger, thirst, lust, sleep may be to a person who, unlike him, is unaware of the existence of those other, darker drives that Freud postulated in *Beyond the Pleasure Principle* – a text whose Beyond may well be exactly identical to the one Gibbons refers to in his title.

Travels Inside the Archive is also a retrospective volume, but in a radically different way. Here we are not dealing with a selected, canon-building type of text, but rather with a Log of one year's continual writing of poems, one or several a day, with a view to instant dissemination of the poem that that particular day yields. From communications with Gibbons I know that he occasionally worked from notebooks, some of which backdated as much as a few years, but I have the impression that in the instances where a notebook entry was used, each daily poem always went through re-writings that updated them to a current sensibility. Apart from that, much more often the Log poem of a given day arose from that very same day's experiences, readings, conversations and thought – or from the preceding night's dream matter. *Travels Inside the Archive* only contains the first year's production of the Log poems, and there is a whole second year and a day's writing which as yet only is available online at Gibbons' website Archive. Whether this Log year will appear in book form in its entirety is as yet undecided.

When I claim that *Travels Inside the Archive* is in some ways still a form of retrospection, I mean it in the sense that, obviously, binding the poems in a volume allows for the editor's own retrospection, but even more so that from a reader's point of view the poems when read, not as a string of daily entries, but as an evolving narrative, reveal larger thematic concerns that closely mirror those already broached by the first retrospective volume, *Beyond Time*. In some ways these thematic strings may well be subconscious and invisible to the poet himself – at least he expresses as much when queried. When I, however, had occasion to select poems from the poet's entire oeuvre I felt very acutely that several thematic concerns pressed themselves on me, and that often it was the Log poems, both the first and second year's specimens, that epitomized the poet's development of these very themes. The connection between the poet's body and his body of work is a strong concern of Gibbons', and as his body ages, as work becomes harder for him to sustain and suffer and as ailments of a physical nature threaten to impinge on his mobility, the connection comes into sharper and sharper focus. The condition of the poet is constantly debated in the Log poems, not in the sense of complaining or lamenting any of the apparent losses as one might wrongly infer from the preceding lines, but rather in the sense of a meditation on the mortality of man, and the role of textual transmission in that process, and potentially Beyond. Thus, the first theme one notes is the growing clarity of self-reflection in Gibbons' later work, a process not unlike that of Pepys, as he contemplates closing his diary for good and thereby excluding from view of the reader the further workings of his mind.

This comparison with Pepys is never unfolded at great length in Gibbons' Log, but many other great writers appear in the poems as guides for the writer's archival travels and travails. Chief among them are the great avatars of poetic precedence in Gibbons' own writing: Olson, Kerouac, the European masters of the fragmentary, enigmatic and celebratory: Lorca, Cavafy, Pavese and many others. Surprisingly, however, masters of the compendious long forms also make appearances – chiefly Herman Melville's whose Whale at the end of the second Log year comes into focus as a guide book for the voyage through the mind and archive of the poet. However, the writers are almost never without company from the painters and musicians that add their contributions of colour, shapes and sounds to the events of Gibbons' texts – usually sparking off what can only be described as a form of *synaesthesia* the likes of which has rarely been seen in writing since the work of Keats.

The painters of the terrors and calamities of war are prominent, from Goya to Picasso, and older masters such as Rembrandt also appear. The figurative works of these artists are counterbalanced by the less directly representational work of the abstract expressionists, who however speak as directly, and literally to Gibbons as the ones mentioned above. The voices emanating from works of De Kooning and Rothko come through loud and clear, and their message is not in any way less political than Goya's. In the great tour-de-force, "Spent Some Time with Lorca in New York", it is the Spanish exile poet who mediates the connection between Goya, Picasso and Motherwell's black paintings in solidarity with the losing side of the Spanish Civil War and the victims of that war and the many ensuing years of Fascist dictatorship in Spain. While Lorca's voice in his exile poems from New York facilitates the speaking voice of the Motherwells and the Rothkos it is ultimately the canvases' own statements that ring loudly in the writer's ears. It is the embodied voice that speaks out of the canvas across Time to communicate with the poet and make him build the bridge from Time to Time, as he realizes that the pain felt by the population of Spain during the war is identical to the pain felt by the disenfranchised, homeless displaced Americans on the streets of New York in the year 2009.

Poems such as the Lorca tribute illustrate the social concerns of Gibbons as a dissident poetic voice. His discovery of how bad things have become in his beloved cities crystallizes in a sequence of poems that feature protagonists that are down and out in the streets of Portland, Maine, New York City and Seattle. The homeless, the mentally ill, the marginals of those cities and many more have a voice in Gibbons' poetry. He speaks to them, and he lets them speak to us, even if they have no words to give, even if they are asleep, incoherent, mute or mad. In the symbolic poem of the 11th of September, 2001, "Aegean Shimmering" it is the figure of a street person who has filled a whole notebook with writing, only to meticulously erase the legibility of her own work by "exquisite cross-outs, arcs of graphite" who speaks the loudest, auguring the events that are on the horizon of that very morning of shimmering brightness and beauty in Boston Harbor. Her mouth utters nothing, yet with her obsessive writing *sous rature*, she calculates on her "abacus" as well as any oracle the terrible "tolling" that is about to hit America and cause every American, like her, to be "mourning the death of language." This is but one example of Gibbons' utter faith in the truth that these undesirables of the streets can teach us. In exchange he pays them back with *finnifs* when he can, but more often – nay, always – with tribute to their humanity, a reminder that no reader in all conscience can miss hearing.

5 The Present Selection

When Robert Gibbons and I started planning the present volume, we discussed some of the selection criteria for what to all intents and purposes would be the third retrospective volume of his to appear within a short time-span. We both intuitively felt that for the first translation of his work into a foreign language a certain amount of glancing back to a stellar production over the past ten years was entirely appropriate, yet we also both strongly desired to bring the selection as close to being up-to-date as possible; something which, if nothing else, was made imperative by political and aesthetic concerns: the American hegemony had developed under the Bush years to intolerable levels of arrogance and disregard for other peoples' human rights, and Gibbons' indignation had consequently forced his aesthetic response to become increasingly radical. In my work of selection I therefore leaned heavily on the production of the two Log years, culling several bitter and brilliantly impassioned political poems in the process. Equally as important was to preserve a feeling of the poet as an undaunted believer in the power of words and shared experience of them, so I also felt that a certain sequence from very near the end of the Log years was crucial to include as a closure or disembarkation for the poet and his reader.

In the end Gibbons left it up to me to perform the final selection of work for translation, also for the simple reason of the limitations that the Danish language and my mastery of it (such as that is) imposed – some of Gibbons' richly culturally allusive texts were hard if not impossible to translate both due to the intricacy of the American vernacular and the density of the global multi-genre web of cultural references employed. He did however supply a shortlist of texts he would like to see included, numbering twenty poems, most of which ended up among the sixty-four I have translated for the present volume. In addition Gibbons generously offered me the freedom to roam his electronic archives, arguing that the ensuing selection would then become a surprise and an additional gift from me to him as he refrained from influencing my choices too much. For that freedom I am extremely grateful.

A certain element of control was exerted, however, as Gibbons proposed the title of the collection (originating in a musing in an e-mail where he wrote: "Or maybe a book published in Denmark, working title, *Timeline*, etc."- only to later amend the thought slightly: "Of course, too, it will have to be something like *Jagged Timeline*, 'cause we don't brook no linearity, you & I, 'round here!!"), and at an early stage he then wrote a poem bearing the same title as the one he had proposed for the volume. "Jagged Timeline" was at the same time a departure from the topical and currently political, and a return to what I term the mythopoeic vein of his production. Simultaneously with its vertical sweep from the peaks of artistic heights to the lows of archeological digs, that poem proposes a horizontal motion as well along a much more sweeping temporal canvas than any he has ever attempted to work on before, stretching from "Bang [...] to a Now moving Beyond." Its style is also more fragmented than any other poem of his that I have read. It echoes Jack Kerouac's 'sketching' style from sequences such as *Mexico City Blues* which Kerouac himself compares to blowing a sax solo of 244 choruses. Gibbons' instrument in "Jagged Timeline" is the trumpet of the Apocalypse, reminding the listener that there were points on the global timeline when we were not around, other times when we were not in control, and that such times and points are bound to come again. Things end in the "abyss," and at best we leave behind a little "reverberation".

The number of poems eventually included in my selection is not entirely coincidental, and it reflects a numerical choice entirely of my own devising. Originally I had proposed to do sixty translations to make up a substantial volume, but on second or third thought I also slightly amended my scope, for the following reasons: Gibbons is now in his sixty-fourth year of life, and he has held almost an equally large number of jobs through his long years in the labour market. The tentative equation of one poem, one year, one labour was irresistible to me, although one should not read too much into this fancy – least of all any tolerance for linearity or other non-terrible symmetries. Still sixty-four is a function of the multiplication of eight by eight, and one could argue that the poems of *Jagged Timeline* fall into eight peaks and curves, each dedicated to one aspect of the life and practice of the poet…

First, we are presented to the overall aesthetic program of the book, through its central metaphor of the timeline, albeit one that is disrupted and as jagged as a cardiogram of an agitated worker in song and prose. The second striking feature of this first cluster is the poet's insistence on movement and speed – these are all anti-sedentary poems. Further metaphors that describe Gibbons' poetical practice surface in the first eight poems which taken together amount to a meta-discussion of his poetics: The labyrinth, the fragment & the archive are all introduced in this programmatic beginning sequence. Of these, *the labyrinth* signifies the notion that there is no straight and narrow path to good poetical practice. On the contrary, the intuitive daring to strike out from that path, too oft traveled, is advocated in the equation of "risk" with "pleasure," while the knowledge that every path, even a labyrinthine one, leads but in one direction – that of the fine and private place of the grave – dominates all. The final, desperate attempt to solve the labyrinth may have to take the form of Daedalus taking flight from the Knossos labyrinth on his hopeless wooden wings. *The fragment* is what makes the timeline jagged, as while there certainly is an unbroken consistency beneath the poet's progression toward the grave, yet there is that blessed element of randomness in what gets recorded in which order, which is the soul of improvisation. Only some things appear on the page, daring us to read wholeness out of the object of the poet's life and practice, as he persists in "cultivating a fondness for that which is missing, that which is consubstantial to the ruin." Ultimately, *the archive* is the metaphor par excellence for death, together with the "ruin" of the fragment and the labyrinthine "grave," and Gibbons reminds us of "the extended Now" one must traverse to become an entrant into those liminal places, final resting places, the "new ground." Harking back to the title of his previous collection Gibbons demonstrates that our life is already in some ways Travels Inside the Archive, as we are always circumscribed by the inevitability of our death and archival entombment. This Derridean idea has resonated strongly through long sequences of the second Log year of Gibbons' writing, and I have, of course, also chosen to let it reverberate in the very last poem of this book...

In the second cluster of the book I have chosen the best mythopoeic short poems I could find among Gibbons' production. The eight poems here show the poet exercising his creative powers, making little mythological still images that invite us to rethink our relation as humans with time, silence and music. They are epigrammatic meditations, often sparked off by a sensory input such as the sound of Time approaching and passing the poet by, or the tactile motion of dancing with Time as one's sole partner. Here the poet's *synaesthesia* shows itself strongly and affords the reader a paradoxical glimpse of what it is like to be connected to the grand Timeline through all the body's apparatuses of intake and output. "Quiet Now" is the second poem specifically written for the book in hand, and I think a particular favourite of the poet himself (he recently requested that I read this very poem for him when I lectured in the US on our project, and he unfortunately could not be present in his own voice and body to read it himself). It is a mythopoeic poem in that we as readers hover effortlessly in some linguistic space over the concrete places themselves that are mentioned in the poem – a space where words resonate as much with sound as with meaning ("I want the quiet of the word fjord itself"). This particular semiotics is echoed in the slow, insistently melancholic music of Bill Evans which permeates the poem, and the slow progression of images in Bertolucci's films that are evoked in the closing coupling of sound, ballad and an emerging wet body with the feminine principle. This tone of the female as mythos is shared by so many of Gibbons' texts, whether he theorizes this very principle through the lens of Kristeva's *chora*, or simply celebrates it in his own language by letting us hear how "the no sound sounds."

The third cluster of eight poems shifts us to the poet's present city of residence, Portland, Maine, while still maintaining the mythopoeic scope. Sights keenly observed on the streets of Portland often serve as shifters back to mythological time as in "Two Bricklayers" whose work on a specific Portland edifice evokes an ancient Egyptian settlement, or as in "The Present is the Roof of Time" where a worker at the flower market is transformed literally into a Greek caryatid in/through the poet's gaze. In this cluster is also my favourite short Gibbons mythos, "When Love Cavorts with Time," whose beautiful slow dance of Love and Time is both "Erotic & chaotic", yet exquisitely ordered is the renaissance variations of the courtly dance Gibbons has inscribed on the page of this poem. The idea of "cavorting" is also so evocative that I have allowed my translation to literally cover all the possible meanings in Danish in a freer way than I would normally allow myself to do as translator of five identical phrases, which become four variants in my Danish version of this Bach-like *Gavotte*. Not incidentally the Baroque master himself makes an early appearance in this cluster in the dream-poem "That Most Melancholic of Bach," which ends with the crossing of further thresholds "as pellucid as skin one could see through." The final two short poems in this group line up the dead masters, Dostoevsky, Nietzsche and Rilke, and query of them whether Exile is the only condition that will bring home the poet's truth that blood is ink, just as surely as ink *is* blood.

The final eight poems of the first half of the book are preoccupied with work, especially the work of writing, showing the poet literally producing a list of references, playing themselves out in a full library of works that couple Portland and Paris as the traveler in words makes that mental journey. In this sequence the vast scope of Gibbons' own reading becomes more and more evident as he moves from Wittgenstein to Erich Fromm and back to figures from the American canon, such as Thoreau and James Wright. With these writers as his compass points the poet thinks wistfully back on his younger self, exploring the corners of Europe: Belgrade, Naples, Genoa, Capri. Still work is not only the work of reading and writing, as the 32nd poem reminds us, as the poet's grandfather's dream and advice of aspiring to have work to arrive to on time, work that allows one to make a living and to live life free of too many constraints on one's Time. One should not aspire to more, the poet concludes (with the possible exception of a fine glass of Sangiovese, shared with a loved one). However the poem also opens the concerns of the second half of my selection which again and again reminds us that the American dream has been perverted into a whole other level of aspirations of a material and pecuniary kind...

The second half of *Jagged Timeline* commences with a timely find, as the poet unearths Lady Liberty in the shape of a silver half-dollar during one of his ambles in Portland. This poem couples back to the earlier selection "Writing is the Walking Wanderer's Art" which insists on the mobility of the poet as a precondition for creating viable art. *Liberty Walking* becomes an amulet for the poet's endeavours in the second half of the book where he navigates mythological Time and Space to a much lesser extent than the concrete political and economic wasteland of contemporary America (although the mythological sweep is never absent from the poet's reinscriptions of self on the American landscape). The first three *Liberty Walking* poems lead effortlessly into the sequence that describes the poet's journey to Evergreen College in Washington State to read his work and to commune with fellow wanderer-poets gathered there to celebrate themselves and the concept of freedom through words. This journey is more than just a movement of the body through space, as it takes on larger proportions of a movement to unearth memories and to situate the poet in a long lineage of predecessors that measured themselves against the landscape of the Pacific Northwest. These predecessors number writers such as grandfather John Muir, and his 'children,' Snyder and Kerouac, but also countless other migrants across the American continent, most of whom have left no voice or trace behind of their journeys along the Oregon Trail, other than the songs poets have written of their moving and struggling to get to the end of that very trail – be it of tears, woes and trials, or of joyous pilgrimage as it becomes for Gibbons when he first glimpses Mount Rainier, eventually reaches the welcoming haven of Olympia, hears its "tenor" which stays with him for a long, long time – and is instantly invited to walk around the mountain in the company of a fellow poet...

The Olympia euphoria is replaced – in the next cluster of eight poems – by a reminder that America is in crisis and in dire need of a figure to lead it out of trouble. These poems describe the reintroduction of the poet to the familiar everyday streets of Portland, Maine, and to the colourful characters of these streets and the shops lining them – characters that help him in his search for the emblematic "Purity & Mercy" that he finds in the unlikeliest of places and circumstances in the short poem of that title. The poet contemplates the real possibility of exile as the only mode in which to survive as poverty and political straight-jackets tighten their grip on everyone in the US. The poet reflects on his own relative freedom as he once again is set free from the restraints of the job market, but realizes how tenuous this freedom is and how small a step it is from freedom to homelessness. The key poem "Aegean Shimmering" tells us a hard truth about the jam America has brought itself into, using the figure of a mad, homeless woman as a prophet scribe whom the poet meets on the sunny day that has entered world history under the coded name of 9/11. As the poet decides to opt out of the "Rat Race," he sees her fate inscribed in her abacus-like journal that is rendered illegible by her own palimpsesting of her entries, over and over again in pencil. He cannot read her or his future in those lines piled upon lines, but by following her gaze across the water to Logan Airport in Boston he sees a glimpse of the place of origin of the jets that shortly after crashed into the World Trade Center, forever changing the place of American ideology and influence in the world, and inaugurating a new phase of American imperialism under the villain Bush and his henchmen. The sunshine of that day spills over into the next two poems, depicting the evil sun over the horrors of Guantanamo, and the sun & ash of the Holocaust experienced in an ekpharasis of Anselm Kiefer's work. Two other terrible and terrifying works of art – Goya's *Disasters of War*, and Rembrandt's *Rat Catcher* – are the elements that make up the subject matter of the following poems in this cluster – both pointing to the ever-lasting consequences of war, famine and violence for the poor, downtrodden, losing portion of humanity, but also praising the insights that can come out of having been in such places and situations of extremity.

"Indifference is the luxury never afforded him" is the first line of the next cluster of poems, kicking off "Self-Portrait, after Rilke" – a line that adequately describes both Gibbons himself as well as Rilke, his troubled, yet brave – valiant, yet doomed peer. Rilke is immediately followed by Lorca, the Exile in New York, who in the poem I have already analyzed above becomes the catalyst for Gibbons' insight into the connection between the power situated in the skyscrapers of the world's mightiest city and its "underground homeless". In fact, in the next poem the "New York City Subway System of the Dream" takes the poet via underground transportation to the end of the line to meet another Sibyl – this time a figure out of a dream who links the past mistakes of the US in Vietnam to the current mistakes of warfare in the Middle East. Those who do not learn from History are doomed to repeat it in ever increasing degrees of tragic implications for both victims and transgressors reads the lesson from this guardian of the Underworld. Yet the mood lightens perceivably in this cluster – the autumn of the book as it were, as the poet recounts another dream, which, while still fraught with fear because of the formidable presence of Death in both dream and resulting poem, demonstrates the ability of the poet to see through the guises of Death himself and decipher the mystery of how Death gets around these days (chauffeured limo, naturally – but who is the driver but Death's own mother?!) A tone of resignation, but also the happiness still possible when one becomes resigned to the inevitability of death, dominates the autumn poems I have chosen for the continuation of this segment – the serenely sexualized August *aubade*, as well as the plea for the chance to add to the light of day through the assumption of just one more position (be it of work, of prayer, or of sexual pleasure); and ultimately the simple wish for just one more perfect October day. The sequence ends movingly with a "Love Poem Carved into the Tree of Life" – one of many of Robert's texts paying homage to the transcendence and physical presence of love and desire, embodied in the figure of Kathleen.

Kathleen also leads off the final cluster of eight poems in the book, recounting in her own voice a dream of hers, to complement the multitude of the poet's own. Death, grief and desire meet in this dream and Gibbons' interpretation of it in the second stanza of the poem which ends with an homage to her strength. The poet's ailments and the humility induced in him by his torments make up the subject matter of the next poem in which the poet is taught the power of genuflection, a poem which, as the previous, ends with paying tribute to the women of the world who endure so much more pain than men. Thus cleansed and reminded of his frailties Gibbons sets out in the closing sequence of the book to follow Melville's doomed characters from *Moby-Dick*, especially Captain Ahab in his overweening pride, on a November quest for Melville's and ultimately America's soul. As often before, it is Charles Olson who is the spirit guide or *psychopomp* on this trip via his original reading of Melville's tale. We are also reminded of the obscurity in which Melville toiled and how even he was reduced to begging for advances for his work to be able to continue the process of creation. The Melville sequence is also part of the closing of the second year of the Log, and Gibbons parallels his reading of the book, his writing of the Log coming to a closure and the feeling of once more reaching the safety of a harbour after a long and perilous journey. The Melville motto of "Time, Strength, Cash, and Patience" becomes a mantra Gibbons can share as he nears the end of his arduous project.

As the poems take us back on dry land we meet the opposite of Ahab, a man who has learned humility in the wake of having lost all. The figure of the homeless Veteran stands as an indictment of all that is wrong with the American arrogance of seeking world domination, and also as a reminder of the fidelity of the common man to the American ideals in the face of all and sundry abuse thereof by the powers that be. "Still alive," Gibbons himself reaches shore (unlike Ahab who went down his "American" ship), both in the Log and in the journey along the Jagged Timeline, and there is just space in the book for a Coda where the poet sums up his "minor, jagged, meager, inconsistent, cordial reach of trajectory toward as far away as I can get" – a voyage of the mind and text alone, but one which still empowers him sufficiently to dream once more. This time it is a waking dream that the tomb is not the end, but that the archive which he hopes will eventually hold his life's work may be the ticket to further travels in real Time "to cross borders & boundaries in order to spend the last of my days praising their inhabitants..." One can only join Robert Gibbons in a prayer that this hope may yet come true. *37*

6 A Note on Translation

Robert Gibbons prides himself on being a monolingual writer in the sense that he devotes all of his linguistic energy to the honing of his ear to the frequency of the American vernacular he prefers in all poets, including his own work. He once wrote to me in comment to an attempt I had made at a Rilke translation: "My senses of translation are always murky muddy American, because as a monolingual bastard dog, I always go for that most American of translations, not English, nor even by a person from the source country, in that the best American translations turn the work into the freest of free verse…" It is therefore a paradox in a way to attempt translations of his work, especially into a small language (in every sense of the word) such as Danish. I am curious to see whether this book will be read or reviewed much by Danish writers or critics, but have no great optimism in the matter. I know that the best Danish poets have long looked to America for inspiration, whether from the Beats or their Modernist precursors, but then Danish poets have never been able to afford being monolingual readers, exactly because of the parochial nature of the Danish language and its literature. The almost complete lack of new poetry translations, since no publisher believes such volumes can possibly turn a profit, has not bettered this situation. Therefore, I do not imagine that Danish poets need this volume because of the translations contained it in (as they can perfectly well read the originals), but I do – perhaps vainly – believe that they need to become acquainted with the poet and his poems which show that there is still life in American poetry and that the great lineage from Whitman, via William Carlos Williams, to Olson and The Beats is not extinct. A small hope is therefore that *Jagged Timeline* will serve as an introduction to an American poet that might otherwise have gone unnoticed in Denmark.

Why then translate the poems at all, one might ask. I have chosen to do this because the process of translation to me is the best tool of close reading one could possibly wish for. Every word, phrase, cultural reference, potential allusion or intertextual reference must be considered before a translation can be considered adequate. It is in this the challenge of rendering Gibbons' texts into another language lies. He has certainly never written a poem with a view to having it translated, has never done anything to make such a process easier, and I would never wish for him to do so, because such an effort would only compromise the free flow of his American speech/writing. The task at hand has therefore been entirely mine, and all errors or flatness in language in the resulting Danish versions fall squarely on me.

Breaking down the difficulties a little bit into categories, one could perhaps identify three separate (although not entirely so!) problem areas: Syntax and prosody; cultural specificity; intertextual references.

Characteristic of Gibbons' flow is the use of the gerund, a grammatical feature of English that Danish cannot really accommodate. The gerund in English indicates an ongoing effort or process, sometimes designed to frame another occurrence, but more often simply an extension of duration of some doing or thinking going on in the text's representation of character or action. Predominantly I have chosen to render Gibbons' breathless gerunds into the present tense in my Danish versions, but on occasion when the poem as a whole has used the past tenses in the original American version, that strategy would produce unnecessarily disjointed and obscure texts in Danish. In such cases I have often used freer translation strategies, attempting to keep the poems as short and precise as the originals, but also often failing to do so, as one can see by comparing the American and Danish texts side by side on the pages in the volume. The paradox thus is that English with its huge vocabulary can be much more concise than Danish with its much smaller palette of synonyms and expressions.

Some poems obviously deliberately violate the standard syntax of written English, often in the manner of Kerouac's paring down of language to the bare minimum, ridding the text of deadweight. In translation of these, I have also gone wild with fragmentation, leaps of logic and tried with all my might to curtail my desire to interpret through translation. I have probably failed on both counts, as I believe my academic training has predisposed me to love analysis so much that I cannot keep it entirely out of my Danish renditions. Thus, I fear that occasionally I wax verbose at the expense of Robert's playfulness. On the other hand I fear that it is possible that a poem such at the title poem, "Jagged Timeline", cannot be understood in its Danish version, separate from its companion in the original American. Therefore, it is a blessing to be able to consistently read them side by side in this book.

Turning to the cultural references that Robert Gibbons' work is so redolent of, I have had less fear to deal with. While not every reader of these poems may know a lot about the realities of the American everyday, political and socio-economic life after the millennium, the Danish audience has had sufficient exposure to American events and artifacts via the transatlantic cultural exchange, transfer, or traffic that has been relentlessly on-going since the end of World War II. The gift that Gibbons offers us here is a constant shift of perspective on these domestic events and phenomena, as he exhibits the rare gift of being able to see his own country from the outside. This can only be explained by Robert's extraordinary gift of communication and circle building. He can talk to any man or woman and learn from them, while at the same time teaching them vast amounts of detailed insight into his and his fellow Americans' lives under repressive governments and war-like conditions. Robert Gibbons' America is an America of outsiders, peopled with humans from every corner of the globe. His curiosity allows him to hear their stories, to compare their worlds with his, and through his writing he gifts us the same chance. Thus, it is a wonderful paradox that Robert wants to remain a monoglot, because his poems, his e-mails and his speech are filled to the brim with titles, sayings and phrases in Italian, French, Spanish, German, and latterly, Danish that he relishes using to come closer to us all and communicate and "listen to hear" as Kerouac memorably put it.

As for the multiple references to the other arts which contribute so vividly to making Gibbons' poetry rich and complex, I personally find that it only adds to the pleasure of the text that sometimes one needs to use reference tools to comprehend the details of the text. I recommend Google'ing as one goes along, if one is not conversant with the finer points of music, art, cinematic and literary history. I am personally immensely grateful to Robert for introducing me to such fine artists across the spectrum as Wang Meng, the cave painters of Peche Merle, Cecil Taylor, Cesar Pavese and many others – and for reacquainting me with and making me reinterpret other, old favourites such as Charles Olson, Melville, Kerouac, Goya and Bach...

The main difficulties I have encountered in translating this aspect of the cultural manifoldness of Gibbons' language has been one of register. It is not easy to render everything from street slang, sometimes archaic as in the word *finnif*, to learned terminology such as "perigee" and "apogee", into any sort of equivalent Danish expression or term, which indeed sometimes does not exist, let alone to copy the level of (in)formality of the original. Once more I rely on the Danish reader to consult the originals when puzzled by my approximations. The same goes for the final area of concern, namely the presence of intertextual references and allusions, and here I can only say with confidence that I have not caught them all, nor do I anticipate that I ever will be able to catch up with Robert's level of reading and wide familiarity with especially the traditions in the arts that captivate him because he sees himself as part of their lineage and heritage. His knowledge of poetry from across the world is superb, as evidenced by his fine editorial work for the journal *Janus Head* where he is responsible for poetry and fiction. Likewise I can never hope to catch up with his deep knowledge of such American art forms as jazz and such continental sophistication as he shows in his appreciation of film. Suffice it therefore to say that I have tried to include what I have caught of Olson, Kerouac, Whitman, Melville and other echoes of the greats in a corresponding shift in tonality in the Danish versions. The original American again remains the touchstone without which one can probably not gauge these influences, not least since most of these authors have not been rendered into modern Danish editions or even translated at all. If this volume can make even one reader curious enough to pursue Gibbons' further work and that of his precursors, I shall be immensely gratified.

******

In closing, I want to thank Klitgaarden Writers Refuge in Skagen, Denmark for providing me with shelter and wonderful conditions in which to do the actual translations in early December of 2009. I also thank my employer, the Department of Language and Culture at Aalborg University for funding my stay and for allowing me to work on this project as part of my academic duties. The present introduction gathers portions of texts composed for various conferences, such as The European Society for the Study of English meeting in Århus in 2008, and reviews previously published by journals such as *Studio*. I am fortunate to have had such venues to practice my craft at analyzing and introducing Robert Gibbons' work to my peers and to the general reader.

Skagen, Aalborg & Roskilde
December 2009 – March 2010

J A G G E D | TIMELINE

Poems

ROBERT GIBBONS

*Mindful here of the situation in which **youth** finds itself, I cry Land! Land! Enough and more than enough of the passionately questing and erring voyage over strange dark seas! At last a coast appears: be it as it may, we must land on it, and any port is better in a storm than to tumble back into hopeless, sceptical infinity. Let us only make land; later on we shall surely find good harbors, and make the landfall easier for those who come after us.*

—Nietzsche, *Untimely Meditations*

...now like Leroy and Malcolm
X the final wave
of wash upon this
desperate
ugly
cruel
I and this Nation
which never
lets anyone
come to
shore...

—Olson, *The Maximus Poems*

Jagged Timeline

The jagged Timeline rises to biological & artistic heights, falls to geological & political depths, aerial mapping & archaeological dig, the jagged Timeline breathes, runs river & capillary, marks birth & extinction, jagged Timeline's brutal objectivity in a skin of subjective justice beginning at three forty-seven in the morning without Time at the other end of an as yet undiscovered universe, the jagged Timeline of Bang & Holocaust, recorded & lost, cellular, nuclear, permanent & flexible, speck to colossus, amoeba to Woman, 0000 to a Now moving Beyond, H2O & plutonium, ochre & charcoal on the cave wall to Rembrandt, Goya, Rothko, music of spheres Bach Schoenberg Coltrane, this jagged Timeline refusing unspeakable horrors in the name of the all too obvious, silent cry of the Wounded Lioness originating in the Timeless Cenozoic Era, jagged Timeline Tang, Mayan, Merovingian, Arabian, Nubian, Coptic, Ertebølle, trace fossil microlith, jagged Timeline dance ritual theatre, Benjamin's mourning play & storytelling rooted in death at home, exploration out of Iberian peninsula, Bristol, Gloucester, Sydney, jagged Timeline mark hieroglyphic cuneiform, unmarked graves & monuments, jagged Timeline Abstract Pop Hip-Hop... jagged Timeline blood Free & bloody, calendar wheel & ox cart, burin scalpel laser, note letter voice, touch Love... jagged Timeline thrust trajectory inertia... jagged Timeline letter line paragraph page, perigee apogee abyss... gong echo reverberation...

Den Forrevne Tidslinje

Den forrevne tidslinje stiger mod nye biologiske & kunstneriske højder, falder mod geologiske & politiske dybder, kortlægning fra luften & arkæologisk udgravning, den forrevne tidslinje ånder, flyder som flod & åre, markerer fødsel & udryddelse, den forrevne tidslinjes brutale objektivitet i et lånt skind af subjektiv retfærdighed der begynder klokken tre syvogfyrre om morgenen uden nogen tid i den anden ende af et endnu uopdaget univers, den forrevne tidslinje Bang & Holocaust, gemt & glemt, i celler, i kerner, permanent & fleksibel, fra støvkorn til kolos, amøbe til Kvinde, 0000 til et Nu der strækker sig Hinsides, H_2O & plutonium, okker & trækul på hulevæggen til Rembrandt, Goya, Rothko, sfærernes musik Bach Schoenberg Coltrane, den forrevne tidslinje der benægter de uudsigelige rædsler i det alt for banale, tavse skrig fra den sårede løvinde i Nineveh til den tidløse Kænozoiske alder, den forrevne tidslinje Tang, Maya, Merovingerne, Araberne, Nubierne, Kopterne, Ertebølle, spor, fossil, mikrolit, den forrevne tidslinje dans rituelt teater Benjamins sørgespil & historiefortælling der har rod i døden derhjemme, opdagelsestiden med udspring i den Iberiske halvø, Bristol, Gloucester, Sydney, den forrevne tidslinje tegn hieroglyffer kileskrift, grave uden sten & monumenter, den forrevne tidslinje Abstrakt Pop Hip-Hop... den forrevne tidslinje blod Fri & blodig, kalenderhjul & oksekærre, mejsel skalpel laser, note brev stemme, berøring Kærlighed... den forrevne tidslinje fremdrift bane inerti... den forrevne tidslinje bogstav linje afsnit side, perihel apsis afgrund... gong ekko genklang...

Writing Is the Walking Wanderer's Art

Condemning the sedentary, when it gets too much, one travels reading, surely. Open randomly to Kerouac's new diary exactly, if not to the hour, day, & month, sixty years ago New York, Jersey, he's correcting any false step in the voice he hears blaming it on lack of humility. We hear, too, the streets in the beat of quick meandering language sober or juiced showing writing is the walking wanderer's art, such that it needs no easel, brushes, canvas, but pencil, paper, pockets, & internal palette differing from the Romantics by giving tranquility the boot. Ecstatic pent up sprawling imploding riding anguish & anxious to land on the pavement or moveable cobbled beach in Nice leaping under & beyond Jack's influence without envy of any seeming extraneous freedom of his, but fully acknowledging our own, hating any job won't let us read or write, flying among tree limbs outside the lone factory window, or below deck in the hold of huge Japanese fishing trawler stacking weighty packs of frozen fish ten feet high on wooden pallets longing to stowaway instead of heading home, then doing so on the page, hello Yokohama, Kyoto, accept this quick April sprig of cherry needing only one more day of sun to burst open...

At Skrive Er Vandringsmandens Omkringflakkende Kunst

Fordømmer det stillesiddende liv, når det bliver for meget, man rejser gennem at læse, ikke? Åbner tilfældigt Kerouacs nyudgivne dagbog, præcis næsten på time, dag & uge for tres år siden New York, Jersey, han retter ethvert fejltrin i den stemme han hører, bebrejder sig sin mangel på ydmyghed. Også vi hører gaderne i beat'et af det hurtige sprog der snor sig ædru eller påvirket viser at skrivningen er vandringsmandens omkringflakkende kunst, i en sådan grad at den ikke behøver staffeli, pensler, lærred, kun blyant, papir, lommer, & indre palet i modsætning til romantikerne et spark til den dybe, stille ro. Ekstatisk opspændt vidtløftig imploderende drevet af kvaler & ivrig efter at lande på fortovet eller den bevægelige stenede strand i Nice springer under & hinsides Jacks indflydelse uden misundelse over nogen ydre frihed han måtte have haft, men fuldt bevidst om vores egen, hader ethvert job der ikke tillader os at læse eller skrive, flyvende mellem træernes grene udenfor det enlige fabriksvindue, eller under dæk i lasten på den kæmpemæssige japanske trawler mens man stabler tunge pakker med frossen fisk op på træpaller i tre meters højde, længes efter at blive blind passager i stedet for at tage hjem, så gør man det på siden i en bog, goddag Yokohama, Kyoto, modtag denne hastige aprilkvist fra kirsebærtræet der kun skal bruge én solrig dag til for at springe ud...

At the End of Writing

When earlier I stayed up late to watch the fullest full moon at perigee rise dripping-wet out of the Atlantic, or stood counting lightning strikes as they approached until one struck the roof of the house two doors down, now I catch her entering the same ocean, gingerly, beyond waist-deep, & dunk, her little seasonal ritual she equates with renewal & ablution. Yet it's purely secular & sensual, & of course, sexual: just ask that gang of half-naked athletes prancing & galloping faster than the line of horses I saw across the channel, slowed down by saddles & riders. Open space, freedom, a sense of gratitude at her directing attention my way, & a bit of peace, almost tranquility, similar to the way Kerouac got to it after weeks of delirious struggle on the opposite side of this broad continent at the end of writing in Big Sur, just running out of words.

Ved Skriftens Ende

Førhen blev jeg sent oppe for at se den nærmeste & fuldeste fuldmåne stå op af Atlanten, eller stod & talte lynene mens de slog ned tættere & tættere på indtil et af dem ramte taget af nabohuset, men nu fanger jeg hende nu hvor hun stiger ned i det samme hav, forsigtigt, til vandet når hende midt på livet, & et dyk, hendes lille ritual for årstiden som hun forbinder med renselse & fornyelse. Dog er det helt verdsligt & sensuelt, & naturligvis, seksuelt: spørg blot den bande af halvnøgne løbere der spankulerer & galopperer rundt, hurtigere end den række af heste jeg så på den anden side af kanalen, sinkede af sadler & ryttere. Det åbne rum, friheden, en følelse af taknemmelighed over at hun retter sin opmærksomhed mod mig, & en smule fred, næsten sindsro, ligesom den Kerouac fik efter i ugevis at have kæmpet med sit delirium på den anden side af dette brede kontinent, ved skriftens ende i Big Sur, da han bare løb tør for ord.

Navigating One's Way through the Labyrinth

The pleasure of the labyrinth depends on one's ability to risk everything to make it through, trust one's instincts, find joy on the wall of the cul-de-sac during the interim as much as that of the secret rune uncovered in the structure's center, haft of the double-ax. Keeping a journal, diary, log, notebook is much like navigating one's way through the labyrinth, turning the new blank page as if turning a corner. I get word today from Bent that Pepys finally abandoned his journal on this day, May 31, 340 years ago, basing his reason on loss of sight. He records a final revel with friends at a pub called The World's End, & rightly compares closing the diary for good with descending into the final underground chamber of the grave itself.

At Finde Vej gennem Labyrinten

Glæden ved labyrinten afhænger af ens evne til at sætte alt på spil for at komme igennem den, at stole på ens instinkter, at finde lykken undervejs i det der er skrevet på væggen af en blindgyde lige så vel som i den hemmelige rune der er ristet på dobbeltøksens skæfte, fundet i strukturens midte. Det at føre en dagbog, en journal, en logbog, en notesbog er meget lig det at finde vej gennem labyrinten, man drejer om på en blank side ligesom man runder et hjørne. I dag hører jeg fra Bent at Pepys endelig opgav sin dagbog på denne dag, den 31. maj, for 340 år siden, og angav at grunden var at han dårligt kunne se længere. Han optegner en sidste sviretur med vennerne på en pub ved navn Verdens Ende, & sammenligner rettelig det at lukke dagbogen for bestandigt med turen ned i det sidste underjordiske kammer, graven selv.

Poetry or Prose

Woke up this Time thankful not to have dreamt at all. Sure, no naked, svelte, nor rotund women wanting to talk or dance or reject or disappear, no filthy canines' threatening teeth, no, just rest, & a bit less pain. Now, whether a fractured line is better than one flowing along swirling rapids in currents between rock canyon margins in Colorado, I don't know. All I know is I have to write it down as fast as often as possible. I had a line in my head & limbs once walking down Oceanside Drive without a pen in hand the language of the fragment so bent out of shape I had to carry it severed that way, a piece of sculpture in words separate from the rest of my identity until I found a shattered plastic ballpoint runover a number of Times by traffic then strewn at the side of the road so that when I jotted it down on a scrap of paper with its total lack of syntax it didn't know itself whether it was poetry or prose.

Lyrik eller Prosa

Vågnede i Tide, taknemmelig for intet at have drømt. Sandelig ingen nøgne, buttede eller runde kvinder der ville snakke eller danse eller afvise eller forsvinde, ingen beskidte hunde med truende bid, nej blot hvile, & en smule mindre smerte. OK, hvorvidt en brudt linje er bedre end en der flyder af sted hvirvlende strømme gennem klippesiderne i en canyon i Colorado, dét ved jeg ikke. Det eneste jeg ved, er at jeg skal skrive det ned så hurtigt som muligt så ofte som muligt. Jeg havde en linje i hovedet & hænderne engang da jeg var på vej ned af Oceanside Drive uden en pen i hånden sproget i fragmentet så bøjet & formløst at jeg var nødt til at bære det adskilt på den måde, en skulptur af ord uden forbindelse til resten af min identitet indtil jeg fandt en knust kuglepen som var blevet kørt over mange gange derefter spredt langs vejsiden, så da jeg kradsede det ned på en lap papir med komplet mangel på syntaks vidste det ikke engang selv om det var lyrik eller prosa.

Inside Time's Archive

In order to get Inside Time's Archive one enters through an extended Now: when... Contemplating this in the middle of the night, sharply insomniac, narrow alleys of memories of Paris resurface, parallel meanderings in Mexico, Canada, Ireland meet internal memories of home. When Bogdan Suceava wrote yesterday to say my newest piece was not a poem, less an accusation than a defense of his own logical approach to writing, dual mathematical thought, he's right, of course. It wasn't meant to be one. That form abandoned long ago, at the same age as Rimbaud, my own response to Baudelaire's dream of prose. I write what I want. Bogdan says he's thought what I wrote about Baghdad, Falluja, & Sadr City, many Times, but it's too much in the realm of reason, he can't feel it. Inside Time's Archive corpuscular rivers wend, muscular experiences get reenacted, & archetypal threads weave between prehistory & the future. Inside Time's Archive the confluence of body & geography writes language unearthing new flesh, new ground.

Inde i Tidens Arkiv

For at komme indenfor i Tidens Arkiv må man gå ind gennem et forlænget Nu: da... Det tænker jeg på midt om natten, skarpt søvnløs, når de snævre gyder med minder fra Paris dukker op til overfladen igen, eller en tilsvarende flakken omkring i Mexico, Canada, Irland møder indre erindringer om derhjemme. Da Bogdan Suceava skrev til mig i går at mit seneste digt ikke var et digt, ikke så meget en anklage som et forsvar for hans egen logiske tilgang til skrivekunsten, en dobbelt matematisk tankegang, havde han selvfølgelig ret. Det var ikke ment som et digt. Den form forlod jeg for længe siden, da jeg var på alder med Rimbaud, min egen respons på Baudelaire's drøm om prosaen. Jeg skriver hvad jeg vil. Bogdan siger at han ofte har tænkt de samme tanker som dem jeg skrev ned om Bagdad, Falluja & Sadr, men de ting hører for meget til i fornuftens rige, han kan ikke føle dem. Inde i Tidens Arkiv bugter floder af blodlegemer sig, musklernes erfaringer genudspiller sig, & arketypiske tråde væves mellem forhistorien & fremtiden. Inde i Tidens Arkiv hvor kroppen & geografien flyder sammen skriver sproget sig frem til nyt kød, ny jord.

The Aesthetics of the Fragment

I go for that, I told them in an essay: the notebook, fragment, random jotting. Not without purpose, not just anything, but the result of desire & impetus. Out here on the balcony with the dahlias having weathered wind, thunder, lightning, (they didn't flinch), drinking rain in all night overnight, both pots growing from toddlers to adolescents in half a day. Keeping me company in lieu of any mail today. As they weathered the storm I thought about the thesis, *the aesthetics of the fragment*. It has a lot to do with our innate refusal to see any object in some way other than inherently whole, at the same time cultivating a fondness for that which is missing, that which is consubstantial to the ruin.

Fragmentets Æstetik

Det er det jeg går efter, fortalte jeg dem i et essay: notesbogen, frag-
mentet, de tilfældige skriblerier. Ikke uden mål & med, men som resul-
tat af begær & tilskyndelse. Herude på altanen hvor dahliaerne har over-
levet blæst, lyn & torden (uden bæven), har drukket regn hele natten, er
begge potters indhold vokset fra pattebørn til teenagere på en halv
dag. De holder mig ved selskab i dag i mangel af post. Mens de mod-
stod stormen tænkte jeg på *Fragmentets Æstetik*. Det har en del at gøre
med vores medfødte uvilje mod at se ethvert objekt som andet end i
bund & grund fuldendt, mens vi samtidig dyrker en præference for det
der mangler, det det er af samme stof som ruinen.

Internalizing the Labyrinth

There are coins from Knossos on which quadrants of meanders come together around star, bull, mistress, while at Chartres the assemblage of the labyrinth on the floor allows four meanders to center around something that has been taken out, removed, & substituted for by a rosette. This labyrinth has four different names, including: Daedalus, who built the one at Knossos, & flew out of it on wooden wings; road to Jerusalem; *la lieue*, or the same length of Time it would take pilgrims to traverse the entire labyrinth on their knees; & road to Paradise. To internalize the labyrinth is a matter of learning from experience. Shall we, then, Imprint, as if it were coin; Construct, as if it were architecture; Dance, as if it were flight; Mourn, as if it were foreknowledge the erotic, ecstatic, magic, & tragic meanders, which at this exact moment fold in & around the center of our Souls?

At Lære Labyrinten Udenad

Der findes mønter fra Knossos hvorpå en kvadrant af meanderborte mødes omkring en stjerne, en tyr, en elskerinde, mens mosaiklabyrinten i Chartres lader fire meanderborte kredse om noget der er blevet taget ud, fjernet, & erstattet af en rosette. Denne labyrint bærer fire forskellige navne, heriblandt: Dædalus, som byggede én i Knossos, & selv undslap den på sine trævinger; vejen til Jerusalem; *la lieve*, eller det samme tidsrum som det ville tage en pilgrim at gennemkrydse hele labyrinten på grædende knæ; & vejen til Paradis. At lære labyrinten udenad er et spørgsmål om at lære af sine fejltagelser. Skal vi, derfor, Præge den, som var den en mønt; Opføre den, som var den et stykke arkitektur; Danse den, som var den en flyvetur; Sørge, som var den en forudanelse om de erotiske, ekstatiske, magiske, & tragiske bugtninger som i selve dette øjeblik udfolder sig i & omkring midten af vores sjæl?

I Heard Time

I heard Time in the distance coming forward from a future realm. Low pitch & timbre, at first, perhaps from underground, which hinted at the source, then rising upward, carefree, natural, without intent. A music welcomed, unexpected, joyful. No imagery to compare to its abstract reaches & serenity. But it was Time all right, recognized at first instant, initial vibratory roll. It was only in its aftermath, as it passed by, beyond the present, *in silence alone*, that it struck a note of volatility, death's crescendo.

Jeg Hørte Tiden

Jeg hørte Tiden, i det fjerne, komme fra et fremtidigt rige. I lave toner, til at begynde med, måske underjordisk, hvilket antydede dens udspring, men så stigende opad, ubekymret, naturlig, uden bagtanke. En musik, velkommen, uventet, frydefuld. Ingen sammenligning kan illustrere dens abstrakte rækkevidde & fredfyldthed. Men vist var det Tiden selv, genkendt fra første øjeblik, fra første vibrerende hvirvel. Det var kun bagefter, da den var passeret, hinsides nuet, *i selve stilheden*, at den slog en tone an af ustabilitet, dødens crescendo.

Dance of Time

Keep the day in front of me as a dancer would, moving in & against Time. Turning the lights off, another bursts through. Taking eyes off one thing, another comes into view. Can one sustain this intensity all day & night, a lifetime long? Breath & memory have rhythm accompanied by waves of sound & light swirling in order & chaos to make & unmask a world.

Tidens Dans

Holder dagen foran mig som en danser ville gøre, bevæger mig ind i & mod Tidens takt. Slukker ét lys, et andet bryder frem. Løfter blikket fra den ene ting, en anden kommer til syne. Kan man holde denne intensitet ved lige dag & nat, livet lang? Mit åndedræt & min erindring er rytmiske, ledsaget af bølger af lyd & lys, hvirvlende gennem orden & kaos som skaber & demaskerer verden.

Quiet Now

I want the quiet of the word fjord itself, waves & water so far below cliff sides, no sound reaches us, although the no sound sounds. I've caught it a few times, the place where clarity resounds. Midmornings, lonely stretches, ends of islands, midnights, underwater, color of clarity. Anna Maria Island, Dingle Peninsula with the Blaskets in the near distance, or that first time in Denmark, Maine, of all places. I'm reminded now & again of the French audience reserving its most enthusiastic applause for Bill Evans in Paris in '79 urging him on on the more up-tempo pieces in his repertoire like his arrangement of bass & drums in "My Romance," but the melancholy American won't be seduced, keeps returning to his mood of open space & clarity in "Noelle's Theme," "Quiet Now," & "All Mine (Minha)." I suppose it's an undertone I'm fond of in the quiet of the word fjord. It's feminine. Bertolucci gets it right, too, & often, whether between two people in the confines of the silent Rothko walls of the apartment in Passy in *Last Tango*, or directing Liv Tyler, whose beauty he manages to steal in the final scenes of that later film, setting the stage much earlier when she emerges from the Tuscan pool answering the lustful two-timer's question about the water with "Quiet as a tomb."

Stille Nu

Jeg begærer stilheden i selve ordet 'fjord', bølgerne & vandet så langt nede af klippesiderne at ingen lyd når os, blot lyden af ingen lyd. Jeg har nået det en sjælden gang, det sted hvor klarheden klinger. Om formiddagen, på isolerede steder, der hvor øerne ender, i midnatstimen, under vandet, klarhedens farve. På Anna Maria, på Dingle-halvøen med Blasket-øerne lidt længere ude, eller første gang jeg var i Danmark, & endda i Maine. Fra tid til anden mindes jeg hvordan det parisiske publikum i 79 gav sit mest entusiastiske bifald til Bill Evans hurtige numre, såsom bas & tromme arrangementet af "My Romance", men den melankolske amerikaner lod sig ikke forføre, vendte stadig tilbage til det åbne rum & klarheden i "Noelle's Theme," "Quiet Now," & "All Mine (Minha)." Det er nok en undertone jeg holder af i stilheden i ordet 'fjord'. Den er feminin. Bertolucci har også fat i den, ofte, hvad enten det er to mennesker fanget mellem de stille Rothko-vægge i lejligheden i Passy i *Sidste Tango*, eller når han stjæler Liv Tylers skønhed i de sidste scener af den meget nyere film, noget der diskret er forberedt meget tidligere da hun dukker op af poolen i Toscana for at besvare sin bedrageriske elskers spørgsmål om hvordan vandet er, med ordene "stille som en grav".

The Music of Time's Disappearance

Not much going on, but disappearance of day, time & light combining
to wane goodbye. I keep my eye on that, too. Would have liked silence
as background noise rather than builders banging, sawing, dropping,
clawing money out of hours. They're long gone. Put on Bill Evans' *I Do It
For Your Love* playing Paris in 1979, not so long ago, mere space be-
tween notes. Get up, touch her in passing on my way to the window to
see what time clouds will tell. Fish-ribbed, "Just after six," they say.
Moon appears half-full with the other half visible, but veiled. Car tail
lights head home across the bridge expanse like red corpuscles snaking
through my veins at pulse rates matching the music of Time's disap-
pearance.

Musikken i Tidens Forsvinden

Der sker ikke så meget, udover dagens forsvinden, tiden & lyset står sammen om at aftage i farvel. Jeg holder også øje med dét. Ville hellere have haft stilheden som baggrundsstøj end håndværkernes banken, saven, smiden rundt med ting, timer der med næb & klør skal give penge. De er væk for længst. Sætter Bill Evans' *I Do It For Your Love* på, spillet i Paris i 1979, for ikke så længe siden, rent & skært rum mellem tonerne. Rejser mig op, rører hende på vej over til vinduet for at se hvad skyerne mener klokken er. Fiskeribben. "Lidt over seks," siger de. Månen dukker op, halvt fuld, den anden halvdel synlig men sløret. Bilers baglygter på vej hjem over broens spænd som røde blodlegemer der snor sig gennem mine årer i en pulsrate der matcher med musikken i Tidens forsvinden.

April Cantata

On a grey day the redemptive white page. Everlasting goodness of freedom on a day off keeping me away from the headlines. Grey gave way to snow on April second. First sighting of a robin with his look of embarrassment & disillusion, almost sulking, the poor bird, while here I was refugee from the rat race, no overcoat, but scarf & gloves, & no obligations, nor appointments, just the road, which wound down to Camden, where at the used bookstore three silver volumes of Proust kept behind the owner's desk matched the Bach Cantatas I drove the entire way with: a visual chorus. The guy had the look of someone who hadn't sold a book in ages, more downtrodden than the robin in snow. I gladly coughed up the twenty my wife left on the bed for me to get a good meal. I never lunch out anyway. What's another collection of Proust in the house, but influence on the redemptive white page, & everlasting goodness? The owner suggested the library as a place to access the World Wide Web, along with Zoot Coffee right there on the main drag. The reading room of the library is as rustically pure as architecture gets. Zoot has that quirky northern New England put-together amalgamation by folks on the fringe, & the best coffee outside my favorite café off rue Saint-Sulpice in Paris. There I was, again, inside of Proust's, *Overture*, where the taste of his lime tea matched my glance across the room to a woman's table with her clear glass cup surprising me filled with tea instead of coffee. The image added to my joy, while Proust himself, whenever he experienced involuntary memory in coincidence lost all fear, found joy, in correspondence between the present & recollection, lost all fear, found joy on the redemptive white page, where the everlasting goodness of freedom resides.

Aprilkantate

På en gråvejrsdag findes den saliggørende hvide side. Den evigt velsignede frihed ved en dag uden arbejde holder mig væk fra overskrifterne. Gråvejret blev til sne den anden april. Jeg så den første rødkælk med dens udtryk af forlegenhed & skuffelse, næsten surmulende, stakkels fugl, mens jeg sad her som en flygtning fra rotteræset, uden overfrakke, men med tørklæde & handsker, & ingen forpligtelser, eller aftaler, bare vejen som snoede sig ned mod Camden, hvor der lå tre sølvfarvede bind Proust under disken i antikvariatet, bind som matchede de Bach kantater jeg havde kørt sammen med hele vejen: et visuelt kor. Fyren bag disken lignede en der ikke havde solgt en bog i evigheder, mere nedslået end en rødkælk i sne. Jeg smed gladelig den hundredekroneseddel min kone havde lagt til mig på sengen så jeg kunne få en god frokost. Jeg spiser alligevel aldrig ude. Hvad gør en Proust-samling fra eller til i huset, udover lidt indflydelse på den hvide side & den velsignede frihed? Boghandleren foreslog mig at tage på biblioteket så jeg kunne bruge Internettet, & i Zoots Kaffehus på hovedgaden. Bibliotekets læsesal er så rustikt renfærdig som arkitektur kan blive. Zoots er typisk New England excentrisk i sin kombination af ting & sager & folk fra udkanten & serverer den bedste kaffe jeg har fået siden jeg var på min yndlingscafé i en sidegade til Saint-Sulpice i Paris. Der sad jeg, igen, indhyllet i Prousts *Ouverture*, da smagen af hans myntete matchede mit øjekast over til en kvinde ved nabobordet som overraskede mig ved netop at drikke te af sit glaskrus i stedet for kaffe. Dette billede forstærkede min glæde, ligesom Proust jo, når han oplevede et ufrivilligt, tilfældigt minde, mistede enhver frygt, følte glæde ved denne korrespondance mellem nuet & erindringen, mistede enhver frygt, fandt glæde ved den saliggørende hvide side, hvor den evigt velsignede frihed bor.

April 20, 2008

No word from anyone today drives me back into the wilderness of solitude. The no man's land of personal solitude, fine discoveries, precious metals separated from dross by heat of self-introspection. Course the river of corpuscles, slowly, toward the dawn of infant pain, recall infant pain. Told Kathleen how they made the poet early on in infant pain, grand teachings at the temple there. Friday I volunteered to help move some furniture up at the Poulios sisters place, Helen & Persephone. Persephone reached low on the bookshelf & held the book up, "Here's the book I was telling you about." C.S Lewis's, *A Grief Observed*, his own self-analysis after losing his beloved. The deep drive. The drive deep. Deep the drive! Quiet, deep drive. Greek Palm Sunday today, Passover, as well. I couldn't do without her, that I know. Lewis can't picture his wife's face, but can hear her voice.

20. April, 2008

Ingen nyheder fra nogen i dag så jeg er drevet tilbage i ensomhedens vildnis. Den personlige ensomheds ingenmandsland, fine opdagelser, ædle metaller frigjort for alle urenheder gennem selvintrospektionens hede blik. Jeg sejler langsomt op ad blodlegemernes flod, mod kilderne til det lille barns smerte, genkalder mig barnets smerte. Jeg fortalte Kathleen hvordan de tidligt skabte en digter ud af barnets smerte, en stor lektie i templet dengang. Om fredagen meldte jeg mig frivilligt til at hjælpe med at flytte nogle møbler for Poulios søstrene, Helen & Persephone. Persephone tog en bog fra en af de nederste hylder & rakte den frem, "Her er den bog jeg fortalte dig om." C.S. Lewis, *En sorgens dagbog*, hans selvanalyse efter at han mistede sin elskede. Den dybe drift. Driften den dybe. Dyb er driften! Den stille, dybe drift. Det er den græsk-ortodokse palmesøndag i dag. Det er også den jødiske påske. Jeg kunne ikke klare mig uden hende, det ved jeg. Lewis kan ikke genkalde sig sin kones ansigt, men han kan høre hendes stemme.

Lifted Up

I walked alone, on purpose, under the giant crane renovating the mansion on Danforth only out of superstition, like a dream, or rain falling intermittently on this yellow pad blotting the ink here & there, or the miracle of shimmering dahlia petals, lips speaking next to me in the wind, my strange superstition connected to the use of *deus ex machina* on the Roman stage, by which it introduced the god to the scene, in order to intervene, or to remove the hero from danger, hoping, one might say, that I, too, could be lifted up, beyond mere potential of the poem, or sentence, & somehow, by some spirit, put to good use, as a man.

Løftet op

Jeg gik alene, med vilje, ind under kranen der er i gang med at renovere palæet på Danforth, af ren overtro, som en drøm, eller regnen der med mellemrum falder på min gule skriveblok & tværer blækket ud hist & her, eller miraklet i de skinnende kronblade af en dahlia, læber der taler i vinden tæt på mig, min sære overtro der hænger sammen med brugen af *deus ex machina* i det romerske teater, til en intervention, eller til at redde helten ud af fare, i håb om at jeg, så at sige, også kunne blive løftet op, hinsides digtets, eller sætningens potentiale, & på en eller anden måde, ved åndens kraft, blive til gavn, som menneske.

Handed Down

The new book of calligraphy & scroll painting from the Yuan Period in the 14th century may well have fallen into my hands because of that other massive tome of collected Haiku printed in Tokyo at the turn of the last century, which I gave to Alphonse Vinh upon his second utterance of awe & admiration for it. It wasn't difficult to let go of that way, knowing he'd appreciate it even more than I, what with his father professor of physics, as well as poet in Saigon before the war, & pilot during the debacle. Alphonse, Yale for two years before the family couldn't afford it, then Michigan. We bumped into one another in DC once after grad school in Boston, spending an afternoon at the wine bar up past Dupont Circle. The literati of the Yuan painted the scroll, then added calligraphic inscriptions amounting to the lovely, bitter tandem of stroke & lettering I'm beginning to envision attached to my daily landscape view, where roots & straws & vines drawn across rock faces begin to speak in choral harmony, a nostalgia I quickly deny, penetrating further the literal facts of geologic strata giving nutrient to root, weed, grass, flower complex variegation. *Then listen, again*. The entire enterprise could be taught & handed down. Wang Meng depicted scholars, legs folded, talking quietly in a circle at the entrance to a cave in *The Orchard Chamber*, another figure at a distance walking toward them balancing a tray of wine cups. It's not the same as two barstools on Connecticut Avenue in DC, but Alphonse & I ought to start a school.

Givet Videre

Den nye bog med kalligrafi & malede skriftruller fra Yuan perioden i det 14. århundrede kan meget vel være kommet mig i hænde som følge af det andet massive bind med haiku-digte trykt i Tokio i begyndelsen af det sidste århundrede, som jeg forærede til Alphonse Vinh anden gang han gav udtryk for sin respekt & beundring for dette værk. Det var ikke vanskeligt at give slip på det på den måde, for jeg vidste at han ville sætte endnu større pris på det end jeg, da hans far havde været fysik-professor, såvel som digter i Saigon før krigen, & pilot under katastrofen. Alphonse, to år på Yale, indtil familien ikke havde råd mere, derefter Michigan. Vi stødte på hinanden en eftermiddag i en vinbar oppe ved Dupont Circle. Yuan dynastiets litterater malede skriftrullen, tilføjede derefter kalligrafiske inskriptioner for at skabe den smukke, bitre tandem af strøg & bogstaver som jeg nu forestiller mig anvendt på mit daglige blik på landskabet, hvor rødder & strå & ranker trukket henover klippe-sider begynder at tale i flerstemmige koralharmonier, en nostalgi jeg hurtigt afviser, trænger dybere ned i de bogstavelige fakta om geologiske lag der giver næring til rødder, ukrudt, græs, blomster i komplekse farvemønstre. *Så lytter jeg, igen.* Hele denne proces kunne man undervise i & give videre til næste generation. I *Kammeret i frugthaven* afbildede Wang Meng de lærde mænd, siddende med korslagte ben, i stille samtale i en rundkreds ved indgangen til en hule, med en anden figur lidt borte på vej hen mod dem med en bakke med vinkopper. Det er ikke helt det samme som to barstole på Connecticut Avenue i Washington D.C., men Alphonse & jeg burde alligevel starte et akademi.

Two Bricklayers

Two bricklayers on their knees on the sidewalk outside the beautiful brick Woodman Building on Pearl Street, its fine, clean façade now lost to the eye for the simple reason that it faces south, rather than like the rest lining Middle Street, facing east. These bricklayers should be lost to the world, too, bending over the stones, even before I get to work, but they're not, not to a poet's keen eye with a healthy respect for work. Two hodfull of brick balanced at the right hands, level heads to level ground, in rhythms long practiced, I caught no more than a glimpse of to know they know their craft as thoroughly as they know each other. Often compared the brick with its mud straw blood clay & heat to that of the prose poem. Recent information uncovered in Egypt solidifies the comparison. At Tell Edfu the settlement, reaching back to the 12th dynasty, was entirely made of mud brick, a former governor's palace, it contained letters sealed in boxes & baskets. That's the added relationship I now see in the context of both entities: because their humble origins & monuments don't turn an archaeologist's eye immediately via mediums of gold or marble, it will take Time to excavate their meaning & value.

To Murere

To murere på knæ på fortovet udenfor den smukke Woodman bygning på Pearl Street, hvis fine facade øjet nu ikke kan se længere af den simple grund at den er sydvendt mens resten af facaderne på Middle Street er østvendte. Disse murere burde også være tabt for verden, mens de er bøjede over deres sten længe før jeg møder på arbejde, men det er de ikke, ikke tabt for en digters klare øje & sunde respekt for deres arbejde. To trug med mursten balancerer på de rette hænder, de holder hovedet koldt & muren i vater, i rytmer de længe har praktiseret, så jeg ser straks at de kender deres profession så godt som de kender hinanden. Ofte sammenlignet murstenens mudder strå blod ler & hede med prosadigtet. Ny viden indsamlet i Ægypten understøtter sammenligningen. I Tell Edfu, et bysamfund der har rødder tilbage til det tolvte dynasti, hvor bygningerne var konstrueret af muddersten, indeholdt guvernørens palads breve forseglede i æsker og kurve i væggene. Der er den nye lighed jeg kan se i begge kontekster: da disse monumenter ikke fanger arkæologens øje umiddelbart via guld & marmor-mediet, vil det tage Tid at udgrave deres betydning & værdi.

The Present is the Roof of Time

Just when morning fog prevents changes of light against the walls, causes this waterfront architecture to remain static, at the top of Milk St. in front of the Old South Meeting House one of the foreign flower girls performs an ancient ritual, a re-enactment of the beauty once found, & immortalized by so many Greek sculptors & architects. Tall, she moves with ease, elbows even with her shoulders balancing flattened cardboard boxes that an hour before, millennia before, contained gladioli, irises, strawberries, oranges, roses, yes, a living caryatid, the long bodily architectonic column of Time.

Nuet er Tidens Tag

Just som morgentågen blokerer for lysets spil mod murene & tvinger havnefrontens arkitektur til at forblive statisk, udfører en af de udenlandske blomsterpiger et ældgammelt ritual oppe ved toppen af Milk Street foran det gamle bedehus, en genudlevelse af den levende skønhed der engang fandtes & som er udødeliggjort af så mange græske billedhuggere & arkitekter. Hun er en høj pige der bevæger sig yndefuldt, med albuerne på højde med skuldrene balancerer hun på hovedet en stak flade papkasser der for kun en time siden, for en evighed siden indeholdt gladiolus, iris, jordbær, appelsiner, roser; ja, en levende karyatide, Tidens langstrakte kropsligt arkitektoniske søjle.

To Pure Awe

Sensitive enough, light gives off burning edges of fire, or voice an extended aria. When touch is nothing but love death gets erased: an accomplished impossibility. Life has moments filled with this music. Woke to her three different, magnificent times already. It's only midweek. Never thought I'd get this old, nor remember youth with any tincture of affection. Her eyes are proof of Rilke's angelic orders. Dig this. Talk about luck, fulfillment, chance, practically the equal, or better than winning at blackjack in Monte Carlo, (which I rode past fast in a silver Lancier, driven by an Italian I couldn't understand, when I was twenty): shook hands with a man this week who played bassoon with Stravinsky! My language changed in the falling interval to a deep breath, & rose, again, to pure awe in the progression.

Til Den Rene Ærefrygt

Når lyset er følsomt nok får det brændende kanter af ild, eller giver stemme til en fuldbyrdet arie. Når en berøring er ren kærlighed viskes døden ud: en opnåelig umulighed. Livet har øjeblikke der er fulde af den slags musik. Vågnede op til hende i dag, tre storslåede gange. Det er kun midt på ugen. Jeg havde aldrig regnet med at blive så gammel, eller at erindre min ungdom med nogen ømme følelser overhovedet. Hendes øjne er levende bevis på Rilkes engleordener. Her er noget. Noget der er bedre end held, opfyldelsen af en drøm, tilfældets magt, næsten lige så godt som, eller bedre end at få jackpot i kasinoet i Monte Carlo (som jeg susede forbi engang i en sølvfarvet Lancia med en italiensk chauffør som jeg som tyveårig ikke kunne forstå): Jeg udvekslede håndtryk forleden med en mand som har spillet fagot med Stravinskij! Mit sprog skiftede form i det faldende interval til et dybt åndedrag, & rejste sig igen med tonerækken til den rene ærefrygt.

When Love Cavorts with Time

Love cavorts with Time. When walking mid-winter in the late afternoon, straight toward sun at low level, she commented that light playing upon the architecture soothed her, as if the moment were an instrument, & brick & mortar danced. Loose-limbed, then, & sung along to, Love cavorts with Time. Nighttime craving its own light called full moon up from watery digs. Cyclical & rhythmic, then, Love cavorts with Time. In dreams, too, light pervades pitch darkness. Erotic & chaotic, then, reaching toward otherworldly realms, Love cavorts with Time. Perfection is not out of the question, then, when Love cavorts with Time.

Når Kærligheden Slår Kolbøtter med Tiden

Kærligheden slår kolbøtter med Tiden. Mens vi spadserede en sen vintereftermiddag, direkte på vej mod den synkende sol, bemærkede hun at lysets spil på arkitekturen omkring os havde en dulmende effekt på hende, som om øjeblikket var et instrument, & murstenene & mørtelen dansede. Så med flagrende arme, & mens vi nynner med, danser Kærligheden en gavotte med Tiden. Natten som længtes efter sit eget lys kaldte en fuldmåne frem fra vandets dyb. Cykliske & rytmiske, da tumler Kærligheden rundt med Tiden. I drømme gennemtrænger lyset det buldrende mørke. Erotiske & kaotiske, da rækker de ud mod hinandens hinsidige riger, & Kærligheden boltrer sig med Tiden. Perfektion er altså slet ikke uopnåelig, når Kærligheden slår kolbøtter med Tiden.

The Physical Universe

Once the sacred character of the body is recognized the cosmos wheels into line
— Henry Miller

Wind pushing light all over the place outside. The cold another wall. Physicists now say the universe is limitless, all theory must be reformulated. Talk which ignores the substantive core of the human body is useless. Recently I picked up a book of anatomy illustrated limb by limb, organ by organ with color photographs. It's a complex, horrid mass of cells after the living skin is gone. When are you coming up to bed?

Det Fysiske Univers

Når man accepterer at kroppen er hellig falder hele kosmos på plads
— Henry Miller

Vinden skubber lyset rundt udenfor. Kulden er en væg. Fysikerne siger nu at universet er grænseløst, alle teorier skal omformuleres. Enhver tale der ignorerer menneskekroppens substans & kerne er nytteløs. For nylig købte jeg en bog om den menneskelige anatomi, illustreret med farvefotos, lem for lem, organ for organ. Det er en kompleks, ækel masse af celler der er tilbage når den levende hud er væk. Hvornår kommer du i seng?

That Most Melancholic of Bach

From the balcony I could see the stone bridge solidly marking the time when they named such structures after poets. Pursuing ecstasy through excess I took my last glass of Port out there where city lights rivaled the stars. Inside the hotel room the dream waited like the skin of a woman so pellucid one could see into her flesh. *Komm, Süsser Tod*, that most melancholic piece by Bach we listened to earlier, recorded in Barcelona by Pablo Casals, who died thirty years ago today, must have invited the orchestra into the hotel lobby of the dream.

Its conductor showed me the program for the upcoming fall concert, pointing out minor flaws in the music, (resounding through corridors), which had to be ironed out before then.

They asked me to tell the young man just sitting down to the harpsichord at the far end of one wall, that the instrument belonged to them, not the hotel. Letting him know, I told him how difficult it was for me once when they kept me from writing on my computer at work. I'd never spoken that gently to another human being in real life, with the sole possible exception of my wife. I crossed further thresholds & passageways as pellucid as skin one could see through.

Den Mest Melankolske Bach

Fra balkonen kunne jeg se stenbroen der med sin tyngde markerede en tid hvor man navngav sådanne strukturer efter digtere. På jagt efter ekstasen tog jeg mit sidste glas portvin med derud hvor byens lys duellerede med stjernerne. Inde i hotelværelset ventede drømmen som en kvindes hud, så gennemskinnelig at man kunne se ind i hendes kød. *Komm, Süsser Tod*, den mest melankolske Bach-komposition af alle, som vi havde hørt tidligere på aftenen i en indspilning fra Barcelona med Pablo Casals, som døde i dag for tredive år siden, må have inviteret orkestret indenfor i drømmens hotelreception.

Orkestrets dirigent viste mig programmet til den kommende efterårskoncert, og pegede på de småfejl i musikken (som klang gennem gangene) der skulle rettes til inden da.

De bad mig sige til den unge mand der var ved at sætte sig til rette ved cembaloet ved endevæggen at instrumentet tilhørte dem og ikke hotellet. Jeg gav ham beskeden og lod ham vide hvor svært det havde været for mig dengang jeg fik forbud mod at skrive digte på computeren på min arbejdsplads. Jeg havde aldrig talt så nænsomt til et andet menneske, udover måske min hustru. Jeg passerede flere tærskler og passager så gennemskinnelige som hud man kan se igennem.

Émigrés

Well past the dog days of August into what must be quiet cat days. No barking at all in early afternoon. The poplar leaves looking like bells, but silent. It's a time that goes unnoticed except by émigrés, poets, the eternal longing of the dead to hear more than they do now, the barely audible purr.

Os i Eksil

Hundedagene i august er for længst forbi, så nu må vi være inde i de stille kattedage. Slet ingen gøen om eftermiddagen. Poppeltræernes blade ligner klokker, men er tavse. Dette er en årstid der går ubemærket hen, undtagen for os i eksil, digterne, de døde med deres evige længsel efter at høre mere end de kan nu, den knapt hørbare spinden.

Close Reading

Bone, skin, teeth, hair, all about to fall down or out. The rest of the organs comporting themselves as if age were extraneous. Opposing someone's gossip, or whispers of their weekly book club, I'm lining up my great ones: Dostoevsky, Nietzsche, Rilke, to see the relevance they give fracture, wrinkle, ache, loss, in a larger scheme of things. It's close to an exhumation, reading the lips of the dead, their final sighs, last articulations of life. What I've gotten from them so far is that ink & blood are nearly equal.

Nærlæsning

Knogler, hud, tænder, hår, alt sammen på vej til at falde af eller falde sammen. Resten af organerne opfører sig som om alder var uden betydning. Som modgift mod sladderbladene, eller hviskekampagnen fra ugens bogklub, lægger jeg mine store værker på rad & række: Dostojevskij, Nietzsche, Rilke, for at se hvilken relevans de tillægger brud, rynker, smerter, tab, under evighedens perspektiv. Det nærmer sig en genopgravning, at mundaflæse de døde, deres sidste suk, sidste udtryk for liv. Det jeg har fået ud af det indtil videre er at blæk & blod er næsten på linje.

List of References

I brought a pack of worries, & deep, abiding solitude down to the ocean. When I managed to get out of myself enough, lift my head enough to see forward instead of back, hundreds of stones sung in chorus, "We're your friends!" A Bach fugue. I immediately thought of Thoreau. The short-lived, long-gestating waves danced. The sky began to be the limit of my potential. The entire universe interceded on my behalf. I can highly recommend their auspices.

En Referenceliste

Jeg havde en pakke med bekymringer, & dyb, varig ensomhed med ned til havet. Da det lykkedes at træde langt nok ud af mig selv, løfte mit hoved højt nok til at kunne se frem i stedet for tilbage, sang et kor på hundreder af sten, "Vi er dine frænder!" En Bach-fuga. Jeg tænkte straks på Thoreau. De kortlivede, længe fødte bølger dansede. Himlen begyndte at ligne grænsen for min formåen. Hele universet gik i forbøn for mig. Jeg kan varmt anbefale deres regi.

The Stacks Here, the Shelves There

I view these books as friends, & imagine how I might miss them some-day. Without mentioning names, I think about them while out of the country, those I fail to tote along in the inevitable traveling library. The stacks here, the shelves there, judgments I make as my eye peruses their spines, judgments based, again, in similar aesthetic ways toward days or paintings or musical scores, based, that is, on how much light they contain within their pages, when suddenly they burst open like buds of linden flowers lining streets of Paris or Portland, or the depth of darkness they reach, those huge holes of theoretical conjecture touch-ing the very tendrils of Death itself.

Bunkerne Hér, Hylderne Dér

Jeg anser disse bøger for at være mine venner, & forestiller mig hvordan jeg en dag vil savne dem. Ingen nævnt, ingen glemt, så tænker jeg på dem når jeg ude at rejse, de af dem jeg ikke slæber med mig i mit uundgåelige rejsebibliotek. Bunkerne hér, hylderne dér, vurderinger jeg laver mens mine øjne vandrer hen over ryggene, vurderinger jeg anlægger på lignende æstetisk vis på dage eller malerier eller partiturer, baseret, vel at mærke, på hvor meget lys de indeholder på siderne, når de pludselig brister som lindetræerne knopper langs gaderne i Paris eller Portland, eller også på hvor dybt deres mørke stikker, disse enorme huller fyldt med tankespind og gætværk der berører selve Dødens følehorn.

The Cooperative Effort

In order to read all that one has over the course of many years, including during the dark solitude of hermetic apprenticeship, there are at least as many tomes one has to skip. By choice, & necessity. Pleasure merely standing next to sturdy spines with contents physically closed, but spiritually open. I won't name names. Sumptuous sentencing, dropped fragments, & shared, hard-won experience. Love those rooms. Even times of travel a small shelf sculpts its own space somewhere in the room in Cannes, Dublin, Long Beach, Nice, Zihuatanejo. Right now James Wright is writing a letter from Venice claiming not to have too, too many books in his possession, other than that by the poet he's addressing back home, saying he's thinking of him because he knows how much the other would appreciate Tintoretto's *Annunciation* at the Scuola of San Rocco. He says the divine comes as such a shock that one "can almost feel the walls shake." In fact, the walls are practically torn asunder by the artist, the architecture deconstructed into ruin. In this case it takes the cooperative effort of history, belief, skill, corporeality, & the spiritual to name & produce the Unexpected.

Samarbejde

For at man skal kunne læse alt det man har gjort i årenes løb, inklusive den ensomme, mørke, hermetiske lærlingetid, er der mindst lige så mange bind man må springe over. Af valg & af nødvendighed. Der er en glæde ved bare at stå i nærheden af nogle solide bogrygge, hvis indhold fysisk er lukket men åndeligt er åbent. Jeg vil ikke nævne navne. Overdådig sætningskunst, henkastede fragmenter & hårdt tilkæmpede erfaringer. Jeg elsker den slags værelser. Selv når man er ude at rejse er en lille boghylde med til at udhugge ens eget rum i værelser fra Cannes, Dublin, Long Beach, Nice, til Zihuatanejo. Netop nu skriver James Wright et brev fra Venedig hvori han hævder at han ikke har alt, alt for mange bøger i sin besiddelse, kun det bind af den digter han henvender sig til derhjemme & siger at han tænker på ham fordi han ved hvor stor pris vedkommende ville sætte på Tintorettos *Bebudelse* i Scuola de San Rocco. Han siger at det guddommelige kommer som sådan et chok at man "næsten kan mærke væggene ryste." Faktisk rives væggene næsten fra hinanden af kunstneren, arkitekturen dekonstrueres til en ruin. I sådan et tilfælde kræver det samarbejde mellem historien, troen, færdighederne, kropsligheden & det spirituelle for at navngive & skabe det Uventede.

The Language Game

Snow was in the air. That is, imminent. Temperature a clear 21 degrees on the Time & Temperature Building, when I spotted him walking up Preble Street, low-cut, old sneakers on his feet, coat open, talking, persuading himself of something. All I could think of was, "It's Wittgenstein!" Even though he was black, poor, his solitary philosophical investigation into one matter or another reminded me strangely, ethereally, immediately of Wittgenstein. Crazily, I thought, "It's Wittgenstein!"

I sought proof. Found his final tract written during the last year & a half of his life, notecards turned, **On Certainty**: *Suppose now I say "I'm incapable of being wrong about this: that is a book" while I point to an object. What would a mistake here be like? And have I any* clear *idea of it?*

Late at night, while reading on, falling asleep, another phrase turned from a page to below my eyelids saying, "My friends fell out on both sides of the question." What was the question, I looked back on the page, startled awake by the sound of philosophical dilemma? When I looked, my reverie could be applied to each & every proposition & question on the page. That it may well have answered the riddle of the language game. In other words, my unconscious had, again, worked to my advantage, or to the advantage of the paragraph.

Sprogspillet

Der var sne i luften. Det vil sige, næsten. Det var klar luft, det store ter-
mometer på bygningen overfor viste minus seks, da jeg fik øje på ham
på vej op ad Preble Street, udtrådte gamle gummisko på fødderne,
åben frakke, snakkende, i gang med at overbevise sig selv om et eller
andet. Det eneste jeg kunne konkludere var, "Det er Wittgenstein!"
Skønt han var sort, fattig, mindede hans ensomme filosofiske undersø-
gelse af én bestemt sag mig på mystisk, æterisk vis om Wittgenstein.
Jeg var overbevist: "Det er Wittgenstein!"

Jeg søgte efter bevis. Fandt hans sidste traktat, skrevet i løbet af de
sidste halvandet år af hans liv, bag på kartotekskort, **Om Vished**: *Lad os
nu antage at jeg siger "Jeg er ude af stand til at tage fejl omkring dette: at
det er en bog," mens jeg peger på en genstand. Hvordan ville en fejl tage
sig ud her? Og har jeg en klar fornemmelse af det?*

Sent om aftenen, mens jeg læste videre & faldt i søvn, fløj en sætning
fra siden op under mine øjenlåg, & sagde: "Mine venner var delte på
begge sider af dette spørgsmål." Hvad var spørgsmålet, mon? Jeg kig-
gede igen på siden, rystet vågen af lyden af dette filosofiske dilemma.
Ved nærmere eftersyn konstaterede jeg at min drøm var gyldig for hver
eneste præmis & spørgsmål på siden. At drømmen måske besvarede
sprogspillets gåde. Med andre ord havde min underbevidsthed, atter
engang, arbejdet til min fordel, eller til fordel for teksten.

Now & Then

If I wanted to I could finally count on memory alone as a guide, although I continue to prefer the now, which is no absolute, rather malleable, elastic, open, dangerous, vital, possibly ecstatic & thrilling with no other net above the abyss than pure abnegation. Beloved moment, as opposed to the memories it traversed. Now that I've rolled that out it sounds like over a week on the streets of Belgrade in 1967 with Charlotte Appleton at my side. We could laugh about it now. However, look at us then: wary, intimate & lost, determined & vulnerable, ragged & innocent, harried. Love clotting in the blood of our youth. The abyss below, the color of gunmetal.

Nu & Da

Hvis jeg ville kunne jeg i den sidste ende stole på erindringen som min eneste guide, selv om jeg foretrækker nuet, som ikke er absolut, men helt fleksibelt, elastisk, åbent, farligt, vitalt, muligvis ekstatisk & nervepirrende uden noget sikkerhedsnet over afgrunden andet end den rene fornægtelse. Det elskede øjeblik, i modsætning til de minder det gennemkrydser. Nu da jeg har rullet det frem lyder det som over en uge på Beograds gader i 1967 med Charlotte Appleton ved min side. Nu kunne vi grine af det. Men, se os som vi var dengang: sky, fortrolige & fortabte, pjaltede & uskyldige, forpinte. Kærligheden størknede i vores ungdoms blod. Afgrunden under os, metalfarvet grå.

Every Time Freedom Enters the Soul

Scars reemerging with age, which just now reminds me Kerouac said they make the body more interesting, well then, examples of traumatic writing right there on the cleft of chin, ancient cuneiform wedges embedded in the shins, calligraphic translations of singular hard-won experiences on each knuckle, with no pure script to be found anywhere, nothing handsome I'm sure is what he meant swinging the language out on a wide swath, & laser sharp. That Freedom I talked to her about over the weekend, reminiscences of Times in Venice, Berlin, Nice Cannes Reims, let alone Naples, just to mention Capri as I Brailed my way back down at night to the beach I slept on for over a week, following footsteps of Rilke, Benjamin, Lawrence, carrying my dog-eared copy of Fromm's *Escape from Freedom*, contemplating & analyzing his theory that mankind builds institutions, governments, religions in order to avoid the individuating process, an escape from freedom, a path that only a certain few, who, writers artists saints & madmen reject? It's all so shockingly surprising every Time Freedom enters the Soul as hard-won blessing, look at the scars.

Hver Gang Friheden Kommer ind i Sjælen

Arrene kommer til syne igen med alderen, hvilket netop minder mig om at Kerouac sagde at de gør kroppen mere interessant, så hvorfor ikke, eksempler på traumeskrift lige dér på kløften i hagen, en ældgammel kileskrift som er indgraveret på skinnebenene, kalligrafiske gengivelser af enestående hårdt optjente erfaringer på hver kno, intet rent alfabet at spore nogetsteds, intet kønt er jeg sikker på han mente da han svingede sproget i en vid kreds, & så skarpt som en le. Den Frihed jeg talte med hende om i weekenden, erindringer om Tiden i Venedig, Berlin, Nice Cannes Reims, for ikke at nævne Napoli, for bare at nævne Capri, mens jeg blindlæste min vej tilbage til den strand jeg sov på hver nat i over en uge, mens jeg fulgte i fodsporene på Rilke, Benjamin, Lawrence, medbringende et krøllet eksemplar af Fromms *Flugten fra Friheden*, overvejede & gennemanalyserede hans teori om at menneskeheden bygger institutioner, regeringer, religioner for at undgå at blive individer, en flugt fra friheden, en slagen vej som kun de ganske få, ja hvem, forfattere kunstnere helgener & galninge afviser. Det er så chokerende nyt hver gang Friheden kommer ind i Sjælen som en velfortjent velsignelse, se blot på arrene.

Traveling Companion

The page waited. In between the Time I experienced it, & the Time I had to turn it into the second-life experience of language, it waited here, a friend, blank page. She sent me out, they both sent me out, wife & nurse sent me out to be in the world again, fresh bandages, positive prognosis. I'm at the stage where I carry equal parts life lived to life remembered to death as integral & inevitable. There I stood, or at least sat in the car down by the waterfront, beloved waterfront, where within yards' reach of the port I can name six or seven friends made in the five years here, there was *Rio Genoa* tied up like all the fine little post-adolescent perversions I relished & acted out on the first Time round in a foreign land, in "Genoa," where the store clerk gave the woman I was hitching with more change than we gave for wine & cheese, as bad as we looked, making her look as good as she looked at twenty-four, when I'm twenty swerving round the Italian Riviera, making my eyes well up today behind binoculars telescoping forty-odd years into the present seducing it into some kind of vortex with death beyond retrograding back into my current traveling companion.

Rejsekammerat

Siden ventede. I Tiden mellem min oplevelse, & den Tid jeg havde brug for til at gøre det til sproglig andenhåndserfaring, ventede den dér, en ven, en blank side. Hun sendte mig udenfor, de sendte mig begge udenfor, hustru & sygeplejerske sendte mig ud i verden igen, med friske forbindinger, gode udsigter til bedring. Jeg er nået til det stadie hvor jeg bærer på lige dele levet liv i forhold til erindret liv, i forhold til dødens uundgåelighed & sammenhæng. Dér stod jeg, eller rettere sad jeg i bilen på havnefronten, min elskede havnefront, hvor jeg indenfor en radius af få meter fra kajen kan nævne seks eller syv venskaber jeg har knyttet i de fem år her, dér lå *Rio Genoa* bundet fast som alle de fine små teenage-perversioner jeg dyrkede & levede ud for første gang i et fremmed land, i "Genua," hvor ekspedienten i forretningen gav min kvindelige ledsager på blafferturen flere byttepenge tilbage end vi havde brugt på vin & ost, uanset hvor grimme vi var, fik hende til at se så godt ud som hun gjorde da hun var fireogtyve, da jeg var tyve, turede rundt på den italienske riviera, hvilket får mine øjne til at løbe over bag kikkerten der forstørrer de fyrre år der er gået, skyder dem sammen med nutiden, forfører den i en slags dødens malstrøm hinsides en sammensmeltning med min nuværende rejsekammerat.

American Aspiration

To arrive at work on time, sun lifting its own weary bones out of the bed of the Atlantic, climbing pines growing out of rock & sand of Peaks Island, well, it's a dream of someone's grandfather for grandson, the grandson's living for both. Everyone who wants a job should have one, & yet if employment rates go up, the Stock Exchange goes down, why's that? Why's Wall Street such a measuring stick for how America's doing in the first place, if it's not masses wishing to be rich, rather than merely make a living? That's all I've ever wanted to do: make a living while writing the equal of the art of living. For a few years even earned a living wage. The luxury of the transcription of Bach's *Sonatas for Solo Violin* audibly driven through a couple of adequate speakers along with a glass of traditionally made Sangiovese on a Friday night after a long work week in the company of someone to love, or some variant on the above, should be the limit of American aspiration.

Amerikanske Forhåbninger

At møde på arbejde til tiden, mens solen løfter sine trætte ben ud af sengen over Atlanten, kravler over fyrretræer der vokser ud af klipperne & sandet på Peaks Island, ja, det er en bedstefaders drøm for en sønnesøn, en drøm barnebarnet udlever for dem begge. Alle som gerne vil have et arbejde burde have ret til et, & alligevel er det sådan at når beskæftigelsen går op så falder aktiekurserne, hvorfor nu det? Hvorfor er Wall Street overhovedet sådan en målestok for hvordan Amerika har det, hvis masserne nu ikke er ude på at blive rige, men bare vil kunne tjene til vejen & livet? Det er det eneste jeg har villet: tjene til livets ophold mens jeg skrev om kunsten at være i live. Der var oven i købet nogle år hvor jeg tjente nok til at kunne leve af det. Den luksus det er at høre en transskription af Bachs solosonater for violin blive drevet gennem et par tilstrækkeligt gode højtalere, akkompagneret af et glas traditionelt fremstillet Sangiovese en fredag aften efter arbejde, sammen med én man elsker, eller en variation over det ovennævnte tema, dét burde være den øvre grænse for enhvers amerikanske forhåbninger.

Either Side of the Coin

One cylinder of desire misfiring, when I head down the Eastern Promenade for my prescribed exercise, while not only giving thanks for receipt of proofs for the manuscript of *Beyond Time*, but also wondering whether to accept the invitation to attend the conference in Olympia, WA. How the hell to pay? Exactly at that moment, I look down at the curb to find this circular form posing as a slug or bottle cap covered with a winter's worth or more of dirt & salt. Not quite the same size of either of those detritus, I return, bend down, dig up, brush off, what suddenly appears to be a woman in silver gown hoofing it over the earth with a sheaf of wheat over her shoulder & on the other side spread-winged eagle below sand & salt crust, along with the date of 1945, & words In God We Trust. Tarnished silver half-dollar giving me added gumption in the omen to accept what Fate comes, whether funds are there to go, or not. I'll make the flight reservations in spite of any possible economic ramifications. Woman & Eagle on either side of a now ancient coin, already lifting me up, transcontinentally, as examples of Trust & Courage.

Plat eller Krone

Det ene stempel i mit begærs motor sætter ud mens jeg er på vej ned ad Eastern Promenade på min ordinerede gåtur, & jeg er ikke bare taknemmelig for at have modtaget korrekturen til *Beyond Time*, men også optaget af om jeg skal sige ja til invitationen til at deltage i konferencen i Olympia i Washington. Hvordan Fanden skal jeg få råd? I lige netop det sekund ser jeg ned i rendestenen & finder en rund form der er forklædt som en snegl eller en flaskekapsel dækket med en hel vinters skidt & salt. Men den har ikke helt samme størrelse som alt det andet affald, så jeg vender om, bøjer mig ned, graver den op, børster den af, & ser noget der ligner en kvinde i et sølvfarvet gevandt trave af sted over jorden med et hvedeneg over skulderen & på den anden side en ørn med spredte vinger under en skorpe af sand & salt, datoen 1945, & ordene *In God We Trust*. En anløben halvdollar af sølv der giver mig fornyet mod til at stole på hvad skæbnen bringer af tegn, hvad enten der er midler til at tage af sted eller ej. I aften vil jeg reservere flybilletterne & blæse på hvad det måtte få af økonomiske konsekvenser. Kvinden & ørnen, plat & krone på en nu ældgammel mønt, har allerede løftet mig op, transkontinentalt, som eksempler på Tillid & Tapperhed.

Magic Dream Fabric

Unearthed what they call the Walking Liberty Silver Half-Dollar like a dream, dreams, in fact, I've had plenty of finding all the silver coins, then waking up to the bad news of reality's economy. I looked her over & over in her flowing robes trying to figure out the garment & limbs under sheer silver fabric, a gown I guess. Walking Liberty, Liberty Walking, that's about right, Freedom sounding steps in Glasgow, Gloucester, Portland, Paris, Anna Maria Island, San Francisco, even London? But that's when Freedom truly rings so tremulously, walking, as she is, on the verge of dancing. My study of the found coin, the lucky charm, my curiosity about the image's veneer, her garb & lithe figure walking in clogs, no less, resulted in the dream the next day where I found Kathleen in the dream wearing the magic fabric I knew revealed itself safekeeping her body. I tried, again, to figure out what the cloth was made of, but to no avail, the magic dream fabric protecting her, multi-layered colors beyond traditional cotton, wool, silk, the closest I could come to upon waking up were the hallucinogenically inspired patterns of the lost erotic paintings of Gustav Klimt.

Det Magiske Drømmestof

Som i en drøm gravede jeg den mønt op de kalder Den Vandrende Fri-
hedsgudinde, en halvdollar af sølv, drømme har jeg faktisk haft masser
af, om at finde alle mulige sølvmønter, men så er jeg vågnet op til virke-
lighedens økonomi & dens dårlige nyheder. Jeg studerede hende igen &
igen i hendes flagrende gevandter for at finde ud hendes klædedragt &
lemmer under det tynde sølvstof, en kjole måske? Den Vandrende Fri-
hed, Frihedens Vandren, det skal nok passe, Frihedens skridt har måske
lydt i Glasgow, Gloucester, Portland, Paris, Anna Maria Island, San Fran-
cisco, selv i London? Men Friheden kimer i sandhed først så sitrende,
når hun vandrer sådan, på nippet til at bryde ud i dans. Mit studium af
den fundne mønt, lykkemønten, min nysgerrighed omkring billedets skin,
hendes klædning & smidige figur, i træsko såmænd, gav sig udslag i en
drøm hvor jeg fandt Kathleen iklædt det magiske stof jeg kendte fra
mønten, som nu afslørede sig selv som det der dækkede hendes krop.
Jeg forsøgte igen, men uden held, at finde ud af hvad klædet var lavet
af, det magiske drømmestof der beskyttede hende, med mange lag &
farver hinsides traditionelt bomuldsstof, uld, silke, det tætteste jeg kun-
ne komme på det da jeg vågnede var de hallucinatoriske mønstre fra
Gustav Klimts forsvundne erotiske malerier.

That Dream of Freedom

That dream of Freedom, so constantly, painfully, elusive as a kid, reminding me how palpable it can be, now, when they ask me to read my work out there in Olympia, WA, a place on the list of destinations I've always desired to trek to, when shortly after the image of Liberty Walking rose up from the frozen April ground, I wrote to Elizabeth & David, that I was excited to meet them & others, & make contact with the magic geography of the Great Northwest, the ravens out the window played harder & blacker in the eves of the evergreens, adding to the coincidence of speaking on the phone with an alumnus of the same college there in Olympia, one Andrew Senna, while making my reservations in Seattle, where I can already hear Puget Sound, having thought about it so often in my plans, in my journey toward what they call manhood, mine carrying the memory of those days of imprisoned childhood & adolescence, now set free in footsteps, liberated word by word.

Denne Drøm om Frihed

Denne drøm om frihed var så konstant, smertefuld, ubegribelig for mig som barn, hvilket minder mig om hvor håndgribelig den er blevet, nu hvor de beder mig om at læse op af mine værker derude i Olympia, Washington, et sted på min liste over destinationer jeg altid har drømt om at valfarte til, så da jeg kort tid efter at billedet af Den Vandrende Frihedsgudinde rejste sig op af den frosne apriljord, skrev til Elizabeth & David at jeg glædede mig til at møde dem & de andre, & komme i kontakt med den magiske geografi i de store nordvestlige stater, legede ravnene udenfor vinduet den aften voldsommere & sortere end nogensinde før i de stedsegrønne træer, hvilket skærpede det sammentræf at det var en tidligere studerende fra Evergreen College i Olympia jeg talte i telefon med, en Andrew Senna, for at reservere mit hotel i Seattle, hvor jeg allerede kan høre Puget Sound, fordi jeg så ofte har tænkt på det i mine planer, i min rejse mod det man kalder manddom, båret af minderne om de indespærrede dage i min barndom & ungdom, der nu er frigjort i fodtrin, befriet ord for ord.

For the Journey West

So, again, formal invitation in hand to read my work on Memorial Day weekend in Olympia, dig up San Francisco notebook from the trip five years ago with all the Chagall info for opening at the museum, large color newsprint reproduction of his *Nude Above Vitebsk* accompanying necessary snapshots of Kathleen in rooms in Nice, Reims, & sitting naked on stones in the middle of the Cele River just outside Conduche & the cave of Pech Merle, just to keep me company in travel solitude, along with a page of text from *Desolation Angels*, Kerouac imagining himself walking around San Francisco, while seated in his chair on Desolation Peak. For some strange reason, always wanted to go to Olympia, Seattle not on that list. But in the next few weeks I'll do the kind of preparation every travel opportunity offers, to the point that, when I hit the streets running it'll seem as though I'd envisioned them ahead of Time. Got my French restaurant a block from the hotel already staked out for the first night in Seattle. Waterfront scents already wafting Pacific when I walk around here trying to get into shape for the journey west. I'm ready to name the sounds down in Olympia, hand over the entire setting, hoping an event like meeting the great-grandson of John Muir back in Napa on the SF trip five years ago might occur, or a deeper view of myself as happened in Nice, Reims, & Conduche.

Til Turen Vestpå

Så graver jeg igen notesbogen fra San Francisco frem, mens jeg i hånden holder den formelle invitation til at læse op ude i Olympia på den dag vi mindes de faldne, notaterne fra turen for fem år siden med alle oplysningerne om Chagall-udstillingen der åbnede på museet, et stort avisbillede af hans *Nude Above Vitebsk* ledsaget af de uundværlige snapshots af Kathleen fra værelserne i Nice, Reims, & siddende nøgen midt ude i floden Cele nær Conduche & hulen i Pech Merle, bare så jeg havde lidt selskab på min ensomme rejse, sammen med en side fra *Desolation Angels*, hvori Kerouac forestiller sig at han går rundt i San Francisco men i virkeligheden sidder på sin udkigspost oppe på Desolation Peak. Det er mærkeligt, jeg har altid villet rejse til Olympia, men Seattle er ikke på listen. Men i de kommende uger vil jeg forberede mig som enhver mulighed for en rejse fordrer, så når jeg endelig når til Seattles gader, vil jeg få en flyvende start som havde jeg set dem før i et syn. Jeg har udvalgt mig en fransk restaurant en gade fra hotellet til mit første aftensmåltid. Duftene fra havnefronten her indeholder allerede et pust fra Stillehavet når jeg går rundt & prøver at komme i form til turen vestpå. Jeg er parat til at nævne enhver lyd nede i Olympia, aflevere hele sceneriet, håber at en begivenhed vil indtræffe i lighed med mit møde med John Muirs barnebarn i Napa da jeg var på min S.F. tur, eller en dybere indsigt i mit eget indre, som den jeg fik i Nice, Reims & Conduche.

The Hunger Artist

No turning back pages, no, not my style, but when notepads taken from the hotel room surface from pack or top drawer I see the same early morning or late night through the window of either the Taft in NYC, where my grandmother took stationery from the brass-handled veneer secretary to begin to write a series of letters in that fine poet's daughter script of hers, or in this case, waking in the top floor of the Mayflower Park in Seattle myself, writing before sunup. To write without coffee or light before sunup, where the night before the red & blue neon down Fourth Avenue in Seattle illuminated the city's population & alienation, now, nothing but a lone cab, no single pedestrian, although soon the sun will unfurl a dense predawn rose blanket of light over the upper reaches of the sky, keeping the streets below dark, & Mount Rainier mark the far reaches of the alley of Fourth Avenue, so that when I call her on the cell three hours ahead back there in New England, she's still in bed puzzled as to why this guy would call so soon. There I was with half a paragraph already down, for which she knew I'd need a large black Starbucks to complete. Second person in the door, still & all, it was difficult to shake the image of the young African American man propped against the storefront door twelve floors down from my room of pure luxury, asleep under grey sweatshirt hood, evidently practiced at the art of surviving this way, severely possessionless within such close proximity to the apparent abundance of Pike Place Market, an art I remain in total awe of, real untutored performance? This art of surviving his way the hardest art all.

Sultekunstneren

Ikke noget med at bladre tilbage et par sider, ikke min stil, men når en notesblok fra et hotelværelse dukker op i en kuffert eller den øverste skuffe, ser jeg ud af vinduet den samme tidlige morgen eller sene aften som min bedstemor gjorde i et værelse på Taft i New York City, hvor hun tog brevpapir op af skrivebordsskuffen med dens messinghåndtag for i al hemmelighed at skrive en række breve i en sirlig digterdatters håndskrift, eller som i dag hvor jeg selv vågner på øverste etage af Mayflower Park Hotel i Seattle & begynder at skrive før solen står op. Skriver uden kaffe eller lys før solopgang, hvor de røde & blå neonlys på Fourth Avenue i Seattle illuminerede byens indbyggere & fremmedgørelse aftenen før, så er der nu intet at se derude, kun en enlig taxi, ikke én fodgænger, skønt det ikke vil vare længe før solen vil folde en dagning ud med et tæt rosa tæppe af lys over de øvre dele af himlen, mens gaderne længere nede bliver holdt i mørke, & Mount Rainier markerer den yderste grænse Fourth Avenues allé strækker sig til, så da jeg ringer til hende på mobilen & er tre timer længere fremme end de er hjemme i New England, så er hun ikke stået op & undrer sig over hvorfor denne fyr dog ringer så tidligt. Der sad jeg så med en halv side på papiret, som hun udmærket vidste at jeg havde brug for en stor kop sort kaffe fra Starbucks for at blive færdig med. Anden kunde i butikken den morgen, men det var trods alt svært at ryste billedet af sig af en ung afro-amerikaner, der ganske få opgange fra mit luksusværelse lå op ad butiksdøren, iført en grå sweatshirt med hætte, tydeligvis øvet i kunsten at overleve på denne facon, seriøst besiddelsesløs, så tæt på den overflod der så ud til at findes på markedet ved Pikes Place, en kunst jeg er stum af beundring for, en uskolet performance? Denne overlevelsens kunst den sværeste af alle kunstarter.

I Savored Time

No surprise to wake up without much dreaming, when living in the dream. Olympia, Washington, long-held destination, though she appeared, however briefly, naked. What the hell the sun was doing out on everyone's mind, reflecting on low-tide on the southern end of Puget Sound. Ambled over stones simply touched the water, leaving preposition out, act alone. Stirred water up, no lasting impression on the land. Ancient stones mark the silence. Talked with Native American, Russ, selling smoked salmon wings at the farmers market. Fins cut deep to fat & bone, which when finished look like bird wings Brad might photograph in mid-air. I savored Time. Walking back to the hotel a boundary stone bordered the edge of the park across the street, its copper plaque: *The End of the Oregon Trail, 1844*. Traces of wilderness remain, traces buried under dreams.

Jeg Nød Tiden I Fulde Drag

Det var ingen overraskelse at jeg vågnede uden at have drømt meget, eftersom jeg levede i en drøm. Olympia, Washington, en længe planlagt destination, men alligevel dukkede hun op i en kort glimt, nøgen. Hvad mon solen egentlig troede den var i gang med, refleksioner i det lave tidevand i den sydlige del af Puget Sound. Slentrede over stenene, rørte vandet, ingen præpositioner her, ren handling. Forstyrrede vandet lidt, ingen blivende effekt på landjorden. Ældgamle sten markerer stilheden. Talte med Russ, indianer, som solgte røgede laksevinger i markedshallen. Finnerne bliver skåret dybt ned i fedtet & benene, så når det er gjort ligner de fuglevinger i flugt som dem Brad fotograferer. Jeg nød Tiden i fulde drag. På gåturen tilbage til hotellet stod en grænsesten i parkens udkant på den anden side af vejen, med en kobberplakette: *Her sluttede Oregonsporet, 1844.* Rester af vildmarken kan stadig spores, spor som er begravet under drømme.

To Walk around the Mountain

Taking a right on Mercer in Seattle, I knew where I was going, but not what I was getting myself into, where shortly down Route 5, after attempting to call her on the cell to let her know I'm on the road, again, headed toward Olympia, Mount Rainier rose powerfully, most slowly rose, & tears fell. Couldn't help it, fell in a stream I couldn't control, thankful for so much including the fact that she didn't answer the phone. "Energy is the mountain," the sculptor roared exalting it as the epitome of form. I'd longed to explore this territory, but a man of limited means is a man of restricted choices. To have to wait this long to see what Muir, Kerouac, Stevenson adored exposes peasant, working-class roots, I've no shame of. Lucky it was a straight-away, dangerous going, ogling low-slung scarf of clouds surrounding, warming its neck under snow-cap. When I got to Olympia, in spite of being late, received an invitation from the first person I met outside the convocation of the conference, when the gracious, authenticity-Soul-filled poet, Kristin Prevallet, asked if I wanted to walk around the mountain.

En Gåtur Rundt om Bjerget

Til højre ad Mercer i Seattle, jeg vidste hvor jeg var på hen, men ikke hvad jeg gik ind til, ganske kort tid senere på vej ned af hovedvej 5, efter at jeg havde forsøgt at ringe hende op på mobilen for at lade hende vide at jeg var undervejs, igen, mod Olympia, da Mount Rainier rejste sig i al sin vælde, rejste sig langsomt, & tårerne brød frem. Jeg var magtesløs, de faldt i en strøm der var ude af kontrol, taknemmelig som jeg var for mange ting, herunder at hun ikke tog telefonen. "Energien er bjerget," brølede billedhuggeren der fremhævede det som sindbilledet på form. Jeg havde længtes efter at udforske dette terræn, men en mand med begrænsede ressourcer er en mand med begrænsede valgmuligheder. At være tvunget til at vente så længe på at se hvad Muir, Kerouac, Stevenson elskede så højt afslører mine bonde- & arbejderklasserødder, som jeg ikke skammer mig spor over. Et held at vejen var snorlige, det var farligt at jeg med øjnene slugte hvordan det løsthængende halstørklæde af skyer omkring bjerget varmede dets hals under snekalotten. Da jeg kom til Olympia, fik jeg straks, selv om jeg kom så sent, en invitation fra den første jeg mødte udenfor konferencens forsamling, da den venligt imødekommende, sjælfuldt autentiske digter Kristin Prevallet spurgte mig, om jeg havde lyst til en gåtur rundt om bjerget.

Tenor of Olympia

The tenor of Olympia stays with me, fine sea-level tone of ocean meeting land & dream makes me now the man I wanted to become more so than the man I was before going there, walking around as I did in the dream of wanting to get there, for some strange reason, forever. I wasn't about to sit outside on the veranda of Anthony's, the only place to have a drink right downtown on the waterfront, no, not there, rather yes to the rosé after a conversation with wine merchant Patrick Hub on Fourth Avenue, on down Capital Way to the permanent farmers' market, where salmon wings in oil-stained brown paper bag provide needed fat & protein to walk & walk until blisters on my feet remind me of my peripatetic ways, but keep on in the fine sea-level rosé haze of longed-for dream come true. Firm handshake from Cedric moaning the loss of custody of his two biracial kids to his Irish wife he wants to say to her it was all his fault, even if it wasn't, preferring Maya Angelou to any white poetry, having grown up in Berkeley as a Panther Cub, he still advocates reading anything, for that matter, & a bit troubled by Hillary's covert overture to white working class men, knowing Obama's Soul in his own heart. When we part I can feel the sense of rejection pursuing him through life, which I know almost as well. Which is why this freedom to swim around in the streets of Olympia is so fresh, so long-awaited, surprisingly fresh amid scent of low-tide backwater 80 degree weather, pure carnival atmosphere as if everyone's come out to greet the little kid dreaming in sixty-one year-old body, newborn man taking a deep breath of now May 24th air, such absolute presence that the Vietnamese young man, Shawn, (regret not asking him his *real* name), in Saigon Rendezvous asks whether there's a Chinatown in Portland, Maine he can accompany me back to to fit in? The welcoming tenor of Olympia playing in my ear from the wide dome of the sky to the barnacles & ancient stones at water's edge.

Olympias Tenor

Olympias tenortone bliver hos mig, en fin tone i havhøjde hvor havet møder landet & drømmen nu gør mig til den mand jeg ønskede at blive, snarere end den mand jeg var før jeg kom dertil, som af en eller anden mærkelig grund havde vandret rundt i en evighed med drømmen om at nå dertil. Det kom ikke på tale at sidde ude på Anthonys veranda, den eneste bar hvor man kan få en drink på havnefronten, nej tak, ikke dér, så hellere ja tak til et glas rosé efter en snak med vinhandleren Patrick Hub nede på Fourth Avenue, i nærheden af Capital Way & markedshallen, hvor laksevinger i fedtet brunt papir kan levere det nødvendige fedt & protein så jeg kan trave & trave indtil vablerne under mine fødder minder mig om min omvandrende livsstil, men jeg fortsætter i en fin tåge af rosé & opfyldelse af den længe nærede drøm. Cedric har et fast håndtryk mens han fortæller mig om sorgen ved at hans to børn af blandet race nu er hos deres irske mor, han vil fortælle hende at det alt sammen var hans skyld selv om det ikke er sandt, han foretrækker Maya Angelou frem for all hvid lyrik, han voksede jo op i Berkeley hos forældre der var Sorte Pantere, men han går stadig ind for at man skal læse hvad som helst, alligevel, & han er lidt urolig over Hillarys skjulte flirt med de mandlige hvide arbejderklassevælgere, for han genkender Obamas Sjæl i sin egen. Da vi skilles kan jeg mærke følelsen af altid at blive afvist, som har forfulgt ham livet igennem, som jeg genkender i mit eget liv. Det er derfor denne frihed til at svømme rundt i Olympias gader er så forfriskende, så længe set hen til, så forfriskende selv omgivet af lugten af 30 grader varmt brakvand når tidevandet er lavt, en ren karnevalsstemning som om alle er på gaden for at hilse på den lille knægt i en 61-årigs krop, denne nyfødte mand der tager en dyb indånding af luften den 24. maj, en så uindskrænket tilstedeværelse i nuet at den unge vietnameser Shawn (hvis rigtige navn jeg desværre ikke spurgte efter) i Saigon Rendezvous vil vide om ikke der er et Chinatown i Portland, Maine som han kan komme med mig til & føle sig hjemme i? Velkomsttonen fra Olympias tenor lyder for mit indre øre fra himlens brede hvælving ned til muslingerne & de gamle sten i vandkanten.

To Lead America Out of Trouble

Dumb enough to leave passport in vest pocket of the corduroy sport jacket I wore out there hoping I might ferry hop over to Victoria, at least, but no, there it is stapled inside a plastic bag at honest Pratt-Abbott Cleaners, picking it up a week later, today. Fretted I'd be less immediately mobile, sitting bolt upright last night saying, "Passport, passport!" & suddenly recollecting I hadn't seen it since I got home, losing some prize, symbol, & fact of freedom, should I want to take off. Stayed up late into the wee hours last night veritably haunting the house with whys hows wherefores & what ifs! Say Odile Hellier asked me to read in Paris at Village Voice Bookshop on rue Princesse on Bastille Day as Andrew Sneddon had in Scotland two years ago? I'd be stuck in a long, dreary, desperate line of Americans in dire straits also trying to jump ship in the last days of this god-forsaken presidency. But there's hope, as Olson implied, a man (or woman) inevitably (unexpectedly) comes out of nowhere to lead America out of trouble.

At Lede Amerika Ud Af Uføret

Dum nok til at efterlade mit pas i vestelommen i mit lærredssæt som jeg havde på derude, i håbet om at der ville være tid til et lille færgehop over til Victoria, i det mindste, men hov, dér er det jo, hæftet ind i en lille plasticpose af de ærlige mennesker fra Pratt-Abbotts renseri, da jeg henter sættet nu en uge senere. Jeg var bekymret for at jeg pludselig var blevet meget mindre mobil, sad ret op i sengen i går & udbrød "Mit pas, mit pas!" da jeg indså at jeg overhovedet ikke havde set det siden jeg kom hjem, & havde mistet noget værdifuldt, et symbol, & min de facto frihed, hvis jeg nu skulle få lyst til at tage af sted. Jeg stod op i går & gennemsøgte huset til langt ud på de små timer, hjemsøgte det med hvordan, hvorfor & hvad nu hvis! Hvad nu hvis Odile Hellier skulle invitere mig til at læse op i Paris i Village Voice boghandelen på Rue Princesse på Bastilledagen, ligesom Andrew Sneddon gjorde i Skotland for to år siden? Så ville jeg sidde fast i en lang trist desperat kø af amerikanere ramt af uheldige omstændigheder, der også havde planer om at rømme fra de sidste dage af denne forbandede præsidents regeringstid. Men der er håb, som Olson antydede, da der uundgåeligt (uforudset) dukker en mand (eller en kvinde) op ud af det blå der vil lede Amerika ud af uføret.

Rounding the Corner

Peripatetic I called myself, when she called me at home to make sure I got there all right, what with my continued refusal to buy into the American second-car in the driveway syndrome, refusing insurance for any other vehicle other than my body, & even that is only catastrophic. Otherwise, I'm free. To roam. Scope things out. Check damage from the recent storm, which Captain Dunbar tells me carried eighty-one-mile-an-hour winds across the harbor to Cape Elizabeth. Plenty of trees down, where one can peek under root boles for complexities & old stones. In my trek through town I stopped off at Micucci's for some cheap, but good Italian wine. Anna was hanging just about everything she could out of her halter top as cashier near the back door. The equivalent of four bottles of wine for under $15. Further on I stopped into Rabelais, the new bookstore on Middle Street, where Samantha & Don Lindgren have been open for exactly a week. My purchase of a first edition from 1960 of *Gastronomic Tour de France* went a long way toward bringing back memories of Nice in '67 & Cannes in '94. Told them so in just so many long-winded words! Don knows the meaning of "trivium," Samantha has a face filled with grace. The bus on Elm was filled with the usual suspects, along with a couple of young women who could have been in the dream last night I told Kathleen concerned "my Nicoise entourage," a half dozen women from Sweden, Germany, France, & the States. It was all good in the dream, & perhaps because of that, on the bus, as well. Got out early, trekking a few extra blocks to the house, where I opened the wine, put on *Shifting Down*, that brilliant collaboration between Cecil Taylor, Coltrane, & Kenny Durham. That's me, very peripatetic, no car, shifting down, no brakes, rounding the corner home.

Rundt om Hjørnet

Omvandrende var det ord jeg brugte om mig selv, da hun ringede for at høre om jeg var kommet godt hjem, eftersom jeg stædigt nægter at købe den amerikanske drøm med dens to-biler-i-garagen syndrom, nægter at betale forsikring for andre køretøjer end min krop, & det endda kun til brug i yderste nødstilfælde. Udover det, så er jeg fri. Til at strejfe. Til at undersøge ting. Jeg kigger efter stormskader, da Kaptajn Dunbar har fortalt mig at der blæste vindstød med 150 kilometer i timen over havnebassinet mod Cape Elizabeth. Masser af træer er væltet, hvor man kan kigge ind under rodsystemerne efter komplekse strukturer & gamle sten. På min vej gennem byen standsede jeg hos Micucci for at købe billig, men god italiensk vin. Anna var der, med det meste af busten ude af den ærmeløse top, ved kasseapparatet ved bagdøren. Fire flasker vin for under 80 kroner. Videre, hvor jeg smuttede ind i Rabelais, den nye boghandel på Middle Street, hvor Samantha & Don Lindgren har haft åbent i præcis en uge. Mit køb af en førsteudgave fra 1960 af *Gastronomic Tour de France* hjalp godt til med at bringe minder tilbage fra Nice i '67 & Cannes i '94. Det fortalte jeg dem i mange lange sætninger! Don ved hvad "trivium" betyder, Samanthas ansigt er yndefuldt. Bussen var fuld af de sædvanlige stamkunder, plus et par unge kvinder der kunne være trådt ud af min drøm fra i nat som jeg fortalte Kathleen handlede om mit "følge fra Nice," en håndfuld kvinder fra Sverige, Tyskland, Frankrig & Staterne. Det var alt sammen fint i drømmen, & måske af den grund var det også fint i bussen. Jeg stod af i god tid, spadserede et par ekstra gader hen mod huset, hvor jeg åbnede vinen, satte *Shifting Down* på pladespilleren, en brillant indspilning med Cecil Taylor, Coltrane & Kenny Durham. Jep, omvandrende — det er hvad jeg er, ingen bil, op i tredje gear, ingen bremser, på to hjul rundt om hjørnet.

Purity & Mercy

No definitive reason to take the cross-town bus on the coldest day of the year, but I stood there, on Mass Ave., a long time, alone. Suddenly the wind flung a pair of lace panties sauntering clear across the road. A dance, a swagger, virgin's, prostitute's? Behind me on the Christian Science Building two carved words stared down from the cornice: PURITY - MERCY. The color of the underthings somewhere between pink & purple.

The next day on the boat above the pink-blue sea I saw newlyweds: she sat writing thank-you notes, left-handed, diamond & white gold bright. He sat mute with the curve of back I've seen only torn by ancient sculptors out of marble.

Renhed & Nåde

Jeg havde ikke nogen særlig grund til at tage bussen til den anden ende af byen på årets koldeste dag, men der stod jeg, på Mass. Avenue, længe, alene. Pludselig hvirvlede vinden et par kniplingstrusser over gaden. En dans, en provokation, tilhørende en jomfru, en prostitueret? Bag mig var der to ord skåret ud i træ som stirrede ned fra gesimsen på Christian Science bygningen: RENHED – NÅDE. Undertøjets farve var en mellemting mellem lyserød og lilla.

Dagen efter sad jeg på færgen over det lyslilla vand og så to nygifte: hun var ved at skrive takkekort, venstrehåndet, en diamant i hvidguldsindfatning. Han sad stum og hans ryg krummede sig som jeg kun har set det ske på klassiske figurer billedhuggeren har flået ud af marmoret.

Aegean Shimmering

When one returns from the voyage one longs for the wines of Samos.
— *Cavafy*

I disembarked at Boston Harbor today, the sun so brilliant, & a new lower
angle across the water, essentially ALL LIGHT, made me think of the Aege-
an, & what it would be like to be there for a long time with nothing to do but
write. So I diverged around, lollygagged really, around the waterfront just
soaking in the goodness, & struggling to make that goodness there, in the
present space, in spite of what we take for granted in America, or having to
be in this culture, Wall Street, the Rat Race, but fearing, too, that if I had
nothing to do but write, I very well may not be able to, on an anonymous
road, in a small town, in Greece, say, on Samos, for example. Then, on a
bench, a woman in black, sat with a ten-x-five-inch writing pad open on her
lap. Pencil in hand. Tanned. Wizened. Hair kept in a black net. On the page I
could make out a scrawl, on all the worn pages sort of stacked up, but over
the scrawl on each line, each line divided down the middle set up by the writ-
ing pad, every line & words underneath covered over by exquisite cross-
outs, arcs of graphite shining on the greenish paper against the gold sun. I
was stunned. She had all the time in the world to write, this street person
getting on fifty years old, everything she'd written written over with the
slashing, contradicting sharpness, or dullness, of her pencil. It had the look
of an abacus, a word from the Hebrew for a drawing board covered with
dust, from *abhaq*, dust. What was she accounting for, tolling, mourning the
death of language? After the briefest eye contact, a minor smile, I moved on,
only to turn back to watch her look down at the pad, not writing, yet, but
with her other hand taking a drag from her cigarette. I walked away with my
imagined Aegean shimmering in the distance, in desire, & trepidation.

*(This experience took place on the morning of September 11th, at around 7:45
A.M., as she & I looked out on Boston Harbor, Logan Airport in the distance. A
draft was completed just as a colleague reported news of the first plane's
crash.)*

Ægæisk Skinnen

Når man vender hjem fra rejsen længes man efter vinen fra Samos
—Cavafy

Jeg steg i land i Boston havn i dag, solen var stærk, & stod i en ny lavere vinkel over vandet, så ALT VAR LYS, mindede mig om det Ægæiske Hav, & hvordan det ville være at være dér i lang tid uden at skulle noget andet end at skrive. Så jeg gik omkring, daskede rundt på havnefronten & badede mig i alt det gode, & kæmpede for at skabe det gode dér, i nuets rum, på trods af alt det vi tager for givet i Amerika, & på trods af at jeg skulle være i denne kultur, Wall Street, Rotteræset, men også bekymret for at hvis jeg virkelig ikke havde andet at lave end at skrive, så ville jeg måske slet ikke kunne, langs en anonym vej, i en lille landsby, i Grækenland, for eksempel på Samos. Så, på en bænk, en sortklædt kvinde med en åben skriveblok på skødet. En blyant i hånden. Solbrændt, indskrumpet. Håret i et sort net. På blokken kunne jeg se hendes kragetæer på alle siderne, stablet op, skriblet til på hver linje, hver linje delt op af skriveblokkens midterlinje, hver linje & hvert ord nedenunder dækket til med udsøgte udstregninger, buer af grafit der skinnede fra det grønlige papir op mod den gyldne sol. Jeg var lamslået. Hun havde al den tid hun kunne ønske sig til at skrive, denne hjemløse kvinde på næsten halvtreds, men alt hvad hun havde skrevet havde hun streget ud med sin blyants modsætningsfulde skarpe & sløve skær. Det lignede en kugleramme det hun havde lavet, en abakus, et ord på hebræisk for et regnebræt der er dækket af støv, afledt af ordet for støv, *abhaq*. Hvad var det hun førte regnskab over, hvilke udredninger, hvilket slid, hvilken sorg over sprogets død? Efter den kortest mulige øjenkontakt, et lille smil, gik jeg videre, men vendte mig om for at se hende kigge ned på blokken, uden at skrive, endnu, mens hun med den anden hånd satte en cigaret i munden. Jeg gik min vej med en indbildt ægæisk skinnen i det fjerne, med mit begær, & mine forudanelser.

(Dette skete om morgenen den 11. september, ca. kvart i otte, at hun & jeg stirrede ud over havnen mod Logan lufthavnen i det fjerne. Første udkast af digtet var netop færdigt, da en kollega fortalte mig at det første fly havde ramt.)

Under Cuban Sun

An end to the granting of names over you I cast my fate.
— **Paul Celan**, *"Black"*

Cuban sun. They sit in the wire-mesh cave of the Cuban sun. Maybe with a hood on in the black Cuban sun. In the cool of their senses shutting down the blue fish swim above & through detainees left to rot. I hear most refuse to speak with their lawyers, anachronistic term for any person representing someone where there is no law. No law no lawyer no need for dialogue. No centuries-old protection of habeas corpus against false imprisonment. There should be some difficulty here, there should be pain in writing these sentences just as detainees are held without sentences there is no language no Arabic no Farsi no Spanish, only American silencing. Lopsided & cockeyed, the imbalance of judicial ruling in the case *of Lakhdar Boumediene v. GWB*, who surely never heard of Emmanuel Levinas, let alone his statement, "Peace as awakening to the precariousness of the other." There is no other to unbridled power. Shame visible in the scorched steel landscape of Guantánamo. Under Cuban sun. Shame reddening visible in the blood of all those who are other. No closed doors no end of centuries no

Under en Cubansk Sol

Ikke flere navne tilstår jeg dig; over dig kaster jeg min skæbne
— **Paul Celan**, *"Sort"*

Cubansk sol. De sidder i den cubanske sols hønsetrådshule. Måske med en hætte på i den sorte cubanske sol. Mens deres sansers kølighed lukkes ned svømmer de blå fisk henover & igennem fangerne mens de rådner væk. Man siger at de fleste nægter at tale med deres sagførere, en anakronistisk betegnelse for en person der repræsenterer en fange hvis sag aldrig bliver ført for retten. Ingen sag, ingen ret, ingen retfærdighed. Ingen århundredgammel retsbeskyttelse mod tilbageholdelse uden begrundet mistanke. Der burde være noget svært ved at skrive dette, der burde være smerte forbundet med at afsige denne sætning, præcis som fangerne tilbageholdes uden domsafsigelse, men der er intet at sige, hverken på arabisk, farsi, spansk, der er kun amerikansk tavshed. Skæv & skeløjet, som ubalancen i den juridiske afgørelse i sagen *Lakhdar Boumediene mod Bush*, som aldrig har hørt om Emmanuel Levinas, for slet ikke at tale om hans udsagn: "Fred er betinget af menneskets opvågnen til vor næstes skrøbelighed." Den uindskrænkede magt kender ikke sin næste. Skammen står til skue i det forbrændte stållandskab i Guantánamo Under en cubansk sol. Skammen rødmer, synlig gennem blodet fra alle dem som er vor næste. Ingen døre lukkede, ingen ende på århundrederne, ingen

The Painting Speaks

> *Thought is made in the mouth.*
> — *Tristan Tzara*

Sun & ash. It's not that I refuse to allow the painting to speak for me, the painting which speaks for me, nor that, at this point, I am happy to be unknown. No, "Thought is made in the mouth," said Tzara, so out here in the open...

The politician pulls up to the meter, Jefferson takes a nosedive. Girl in red skirt outruns it in fear of what it may reveal. Child cries, inside. It's a morgue, then instant funeral. Someone mentions something about something hotter than the sun. I once had that dream about the monument long before seeing a photograph of it commemorating those lost at Treblinka. Blue sky filled with invisible particles. Clear blue? In front of Anselm Kiefer's *Sefer Hechaloth*, made of oil, straw, metal, & burned books on canvas, I was stunned that ashes had rained down from eight books onto the bottom frame jutting out for just that purpose. Upon return, months later, depths equally plumbed by the fact that some curator, or maintenance man, had swept them up, cleared the ashes away, apparently, without the least bit of ritual or ceremony. My vision automatically brought forth a row of open metal oven doors (mouths) of a crematorium, the painting speaks.

Maleriet Taler

Tanken skabes i munden
— *Tristan Tzara*

Sol & aske. Det er ikke fordi jeg nægter maleriet lov til at tale for mig, det maleri der taler for mig, eller at jeg, på nuværende tidspunkt er glad for at være ukendt. Nej, "tanken skabes i munden," sagde Tzara, så ud i det åbne med det...

Politikeren parkerer foran måleren, Jefferson tager et dyk. Pigen i det røde skørt løber hurtigere & hurtigere af frygt for hvad måleren vil afsløre. Et barn græder, indenfor. Det er et lighus, begravelsen følger øjeblikkeligt. En eller anden siger noget om "hedere end tusind sole." Jeg drømte om det monument der er sat til minde om de døde i Treblinka længe før jeg så et fotografi af det. Blå himmel fyldt med usynlige partikler. Klart blå? Foran Anselm Kiefers *Sefer Hechaloth*, skabt af olie, strå, metal, & brændte bøger på lærred, var jeg rystet over at se at asken fra otte bøger var drysset ned på & opfanget af rammen i bunden af maleriet, som af samme grund stak ud fra væggen. Da jeg vendte tilbage flere måneder senere var min bestyrtelse lige så stor da jeg så at en kurator eller rengøringsdame havde fejet asken op, fjernet den uden videre ceremoni eller ritual. Mit indre syn frembragte helt automatisk billedet af en række ovne med åbne metallåger (munde) i et krematorium, maleriet taler.

The Disasters of War

Terror goes a long way, spawning trauma at the depths of living. However, transformed in that dark undercurrent, in dire circumstances, at the bitter end of a long ordeal, the whole enterprise can turn around, reverse the fear. Two examples come to mind from *The Disasters of War*, which didn't see the light of day for thirty-five years after Goya passed away. In "What Courage!" a young woman climbs over battlefield dead to light the cannon against relentless onslaught. In "They Do Not Want To," an old woman's dagger is the exclamation driving home the point written quietly in pencil at margin's edge. Perhaps it's just that man has to earn courage, woman's is more innate.

Krigens Katastrofer

Rædslerne varer længe, udløser traumer i livets dybde. Men, forvandlet af denne mørke understrøm, af de alvorlige omstændigheder, ved den bitre ende af en lang prøvelse, kan hele foretagendet vende på en tallerken, slå frygten tilbage. Jeg husker to eksempler fra Goyas *Krigens Katastrofer*, som ikke så dagens lys før femogtredive år efter hans død. I "Hvilket Heltemod!" kravler en ung kvinde hen over slagmarkens døde for at affyre kanonen mod fjendens nådesløse fremrykning. I "De Vil Ikke" er en gammel kvindes daggert udråbstegnet der understreger den pointe der stilfærdigt er skrevet med blyant i marginen. Måske er det sådan at mænd skal gøre sig fortjent til modet, mens en kvindes er medfødt.

Rembrandt's, *The Rat-Catcher*

I'm fond of the rat-catcher. Now, the rat-catcher has a great deal of knowledge, knowledge of the sort, again, I'm quite fond of, the non-academic. This man's experiential credentials are voluminous. Can you imagine the filthy corners, dark barns, dank cellars this guy & his dwarf assistant have traversed, the obstacles & trials, errors, missed opportunities, tried again? It's real life! He has the apparatus & potions to conquer the fiercest threats, & yet, too, he owns this gnawing, intuitive hunch (stored up there at the top of his shoulder, as well?) that there's some connection to his curative calling & the Plague entering so many doors ahead of him without the courtesy of knocking. Yet, in this etching he's not articulate enough to convince his customer, who can't be bothered with such a low life.

Rembrandts *Rottefængeren*

Jeg er glad for *Rottefængeren*. Rottefængeren har nemlig en stor viden, af just den slags viden jeg sætter pris på, den ikke-akademiske. Denne mands akkreditiver består af hans vidtfavnende erfaringer. Kan man forestille sig de beskidte hjørner, dunkle stalde, mugne kældre som denne fyr & dværgen der er hans assistent har gennemkrydset, forhindringerne & prøvelserne, fejltagelserne, de glippede muligheder, de nye forsøg? Det er det virkelige liv! Han har apparaturet & giftblandingerne til at overvinde de mest bidske trusler, & så alligevel gemmer han på en gnavende mistanke (i sækken over skulderen, måske?) om at der er en forbindelse mellem hans helbredende kald & den Pest der er gået ind af så mange døre før ham uden at banke høfligt på. I denne gravering er han dog ikke veltalende nok til at overbevise kunden, der ikke kan tage sig af sådan et usselt kryb som ham.

Self-Portrait, after Rilke

Indifference is that luxury never afforded him, but for briefest reverie, a blink. Long bevy of ancestors congregating behind intensity of eye. The photo shows a survivor of war, evident in scars. Sex is there, streaming from below. The whole body welling up: rhythmic lung; liver pushed to the brink; thorax & torso nothing short of voracious; heart, sturdy as a stone mason, or as compassionate as a French grandmother after midnight mass, or occasionally, ruthless as father's. Knowledge appears at the level of the simplicity of work, complexity of words. Living spent in the realm of pure moment. The lens summed it up in an instant. Intuitive, tactile nature, ready to form yet another sentence, as if later, death is articulate.

Selvportræt, efter Rilke

Ligegyldighed er den luksus han aldrig kunne tillade sig, kun det korteste øjebliks drømmeri, et øjenblink. En lang række af forfædre, forsamlet bag øjets intensitet. Fotografiet viser en overlevende fra krigen, det ses i arrenes tydelige spor. Hele kroppen kommer vældende op: rytmiske lunger, leveren presset til det yderste; struben & kroppens intet mindre end glubende appetit; hjertet så stærkt som en murers, eller så barmhjertigt som en fransk bedstemoders efter midnatsmessen, eller, ind imellem, så grusomt som en faders. Indsigten viser sig i arbejdets enkelthed, ordenes kompleksitet. Et liv tilbragt i det rene øjebliks rige. Linsen opsummerede det i et nu. Intuitiv, taktil natur, rede til at danne endnu en sætning, som om senere, døden er velformuleret.

Spent some Time with Lorca in New York

Spent some Time with Lorca in New York, & glad I did, because I, too, wanted a fresh angle on America's city. Spent some Time with Lorca in New York, noticing who exits the Escalades, & who freights the garbage & heavy boxes down grates of sidewalk dumbwaiters. Spent some Time with Lorca in New York uncovering Dutch power structure in faces of individuals' smiles of pride under blonde hair, above stiff, grey suits, while opposite, the obviously downtrodden glower, continuing to make you wonder if justice is possible, or that a man of color could ever become president in this Godforsaken country, as the Spanish poet wrote, "a world shameless & cruel enough to divide people by color when in fact color is the sign of God's artistic genius." Spent some Time with Lorca attending the Abstract Expressionism: A World Elsewhere exhibit, curated by my friend, compassionate genius, incomparable critic, David Anfam, who reiterates the importance of revolt, fresh perspective, genuine sincerity of artistic endeavor way too soon sucked up, formalized, & used by the power structure, so that when I stood at an angle, as oblique & marginal, as out of the way as I could, absorbing the lines & forms & colors, juxtapositions, flow, lacunae, majesty, & detail of one particular painting, Motherwell's, *Elegy to the Spanish Republic*, the later equally political variant of which, *Reconciliation Elegy*, another version of which I visited on a daily basis working for four years at the National Gallery, where upstairs in a plaster, windowless cave David slaved for ten years over the *Rothko Catalogue Raisonné*, it paid to have spent some Time with Lorca in New York, because slowly from all the way across the room I suspected that Goya, Picasso, & Lorca lurked on the surface & at the depths of the massive rectangles & ovoids, linear pillars & ellipses, when all of a sudden the Elegy took voice in the form of visual chorus, sung, whispered, & screamed, Goya's black-lace mantillas, Picasso's Guernican heads, arms, & torsos asunder, Lorca's plaintive song of struggle, pain, & blood soared across the gallery room, the cry, cry of injustice continuing unabated skyscraper top down to underground homeless since the Time Lorca spent in New York.

Tilbragte Noget Tid Sammen med Lorca i New York

Tilbragte noget Tid sammen med Lorca i New York & den var godt givet ud, fordi jeg også ønskede at få en ny vinkel på Amerikas by. Tilbragte noget Tid sammen med Lorca i New York, & bemærkede hvem der stiger ud af de dyre biler & hvem der fjerner affaldet & bærer de tunge kasser ned ad kældertrapperne. Tilbragte noget Tid sammen med Lorca i New York & blotlagde den hollandske magtstruktur i individernes stolte smil under det blonde hår, over de stive grå jakkesæt, mens de åbenlyst undertrykte går & skuler, hvilket får én til at spekulere på om retfærdighed er komplet umulig at opnå, eller om en farvet mand nogensinde kan blive præsident i dette gudsforladte land, som den spanske digter skrev, "en verden der er skamløs & grusom nok til at dele folk op efter farve, når farve nu faktisk er et tegn på Guds kunstneriske geni." Tilbragte noget Tid sammen med Lorca på udstillingen Abstrakt Ekspressionisme: En anden verden, som min gode ven, det barmhjertige geni, den uforlignelige kritiker, David Anfam var kurator på, en mand som igen & igen understreger vigtigheden af oprør, modstand, nye perspektiver, oprigtigheden i den kunstneriske stræben der alt for hurtigt opsluges, formaliseres & bruges af magtstrukturen, så da jeg stod ude i udkanten, så forskudt & marginal som muligt, så langt væk som muligt, sugede til mig af linjerne & formerne & farverne, modstillingerne, flow'et, hullerne, det majestætiske, & detaljerigdommen i ét bestemt værk, Motherwells *Elegi for den Spanske Republik*, hvis senere, men lige så politiske variant, *Genforeningens Elegi*, jeg så daglig da jeg arbejdede fire år på Nationalgalleriet, hvor David sad ovenpå i en vindusløs hule & i ti år puklede med at udarbejde Rothkos *Catalogue raisonné*, så betalte det sig at have tilbragt lidt Tid med Lorca i New York, fordi jeg langsomt begyndte at få mistanke om at Goya, Picasso & Lorca lurede på overfladen & i dybderne af disse massive rektangler & ovaler, lineære søjler & ellipser, da Elegien pludselig fik stemme i form af et visuelt kor, sunget, hvisket, & skreget, Goya's sorte kniplingsmantillaer, Picassos hoveder, arme & sønderrevne torsoer fra Guernica, Lorcas klagesang om kamp, smerte, & blod løftede sig henover galleriets rum, skriget, råbet om uretfærdighed fortsatte med uformindsket styrke fra skyskrabernes top ned til undergrundens hjemløse, uafbrudt siden Lorca tilbragte noget Tid i New York.

In the New York City Subway System of the Dream

Underground all night in the New York City Subway System of the dream, when twice the cops stop me at a second, invisible till I'm past the turnstile, I walk through without dropping in the required fifty cents. The first Time I take out two quarters & hand it to them, but the second Time, I laugh saying that's what I want to be called, "the fifty-cent rider," thinking of the 1945 Liberty Walking silver half-dollar I found in the sand & ice of the gutter of East End Beach parking lot last spring. Obviously, I want a free pass. Which they grant me, intrigued by either that untold story or my naïve demeanor. Does anyone ever know the destination in a dream? What we do, instead, once it's over, is wake to analyze the possibilities of what previous thoughts or unconscious sublimations went into where we end up in the dream. This strangely cool, monumentally simple stop at the end of the New York City Subway line, this vertical, smooth stone-walled cave with the Asian woman greeting me with lone pillow on ground looking somewhat like home plate with writing visible, "What went wrong?" reverts back to an earlier confluence of thought regarding the newly ancient ruins of Wall Street & Yankee Stadium along with a deeper concern I had wondering why we never learned the obvious lessons from America's incursion & ultimate debacle in Vietnam?

I Drømmenes Undergrundssystem i New York

Hele natten er jeg under jorden i drømmen om New Yorks undergrunds-system, & to gange bliver jeg standset af strømerne, usynlige indtil jeg er kommet gennem tælleapparatet, som jeg passerer uden at betale de foreskrevne 50 cents. Første gang finder jeg to 25c mønter & betaler dem, men anden gang ler jeg bare & siger at det er det jeg vil kaldes, "50-cents-rytteren", & tænker på den halvdollarmønt af sølv fra 1945 med Den Vandrende Frihedsgudinde som jeg fandt i sandet & isen i rendestenen ved parkeringspladsen på East End Beach i foråret. Det er tydeligt at jeg bare vil have en gratis tur. Hvilket jeg får lov til, da de er nysgerrige efter at høre min ufortalte historie eller blot tryllebundne af min naive opførsel. Kender man nogensinde ens destination i en drøm? Det vi gør i stedet, når den er forbi, er at vågne op & analysere hvilke tanker fra før & hvilke ubevidste sublimeringer havde indflydelse på hvor vi endte med at drømme os hen. Denne mærkværdigt kølige, monumentalt enkle endestation på New York Citys undergrundslinje med en lodret hulevæg af glatte sten, hvor en asiatisk kvinde hilser mig fra en enlig pude på gulvet, der ligner en *home plate* fra baseball, hvorpå man kan se ordene "Hvad gik der galt?", har forbindelse til en tidligere tankestrøm hvori synet af de nyligt antikke ruiner af Wall Street & Yankee Stadium flyder sammen med en dybereliggende bekymring hos mig om hvorfor vi aldrig lærte den indlysende lektie af Amerikas indblanding & afsluttende katastrofe i Vietnam.

O Death

Death owns at least two dogs, both of which appeared in the dream last night, large, grey, beige, frightful, playful, they emerged straight out of the beach scene yesterday, where one dog had to dominate the other until the other gave in, surrendered, alpha dog taking liberties, then standing in & licking the almost frozen sea. I saw it. Power is anathema to my Soul. They returned, both of them, in their new gigantic guises, frolicking, aggressive, Death in the background. Threatened, I found the storm door, old/wooden, without a handle, no handle, not even a rope thread. I knocked. It opened. I stood behind it, but still outside on the porch watching the Dogs O Death trying to make up their feeble, canine minds over what to do, one bowling over its assistant handler. Death's assistant, I'm afraid, is a woman. I've wondered more than a few Times just what gender Death is. Death is a man. Death stepped in front of his Dogs under his silent command, circling the newly appeared limo. He checked with his driver after I thanked him for controlling the Dogs, whereupon he looked down, his face enigma-filled. That is, he wouldn't let on. That is, one can't read Death's face. Failing to acknowledge my gratitude, there, out from under his massive black cape, black hat in hand, I had to wonder if the dogs were told to stay, stay there in the background out of view behind the limo. Here's the kicker. Surprised, already, to have lived this long, finally finding the answer to Death's gender, as he circled the front of the limo to get in the back seat of the large black limo, the entire dramatic, staged undertaking took place right there in the dream. However, ancillary to the scene of the tragedy, for every one he takes away involves tragedy, as I said, he checked with his driver, offering her some token, some gift, & word of direction or advice. For anyone else, perhaps, anyone other than a poet used to long years of paying strict attention to the other world of dreams, the interaction could have been missed, ignored, the driver of Death's limo is a millennia-old woman. That's right, unknown until now, Death's driver is his mother.

O Død

Døden ejer mindst to hunde, som begge dukkede op i nattens drøm, store, grå, sandfarvede, skræmmende, legesyge, kom de direkte ud af scenen på stranden i går, hvor der var en hund der tvang en anden til at overgive sig, førerhunden tog sig friheder før den stod i vandkanten & slikkede det næsten frosne hav. Jeg så det. Magt er mig vederstyggelig. De vendte tilbage, begge to, i nye gigantiske drømmeskikkelser, tumlede omkring, aggressive, Døden i baggrunden. Således truet fandt jeg yderdøren, gammel/frønnet, uden håndtag, intet håndtag, ikke engang en stump reb. Jeg bankede på. Den åbnede sig. Jeg stod bag den, men stadig ude på verandaen, betragtede disse o Dødens Hunde, mens deres små hundehjerner prøvede at beslutte hvad de nu skulle gøre, & i mellemtiden væltede deres hundefører. Dødens hundefører er, må jeg desværre meddele, en kvinde. Jeg har ofte spekuleret på hvilket køn Døden selv har. Døden er en mand. Døden gik mellem mig & sine Hunde, der under hans tavse kommando kredsede omkring en limousine der just var dukket op. Han checkede noget med sin chauffør, efter at jeg sagde tak fordi han fik styr på sine Hunde, hvorefter han kiggede nedad, med gådefuldt ansigt. Det vil sige, han prøvede på at skjule noget. Det vil sige, man kan ikke aflæse Dødens ansigtsudtryk. Han ignorerede min taknemmelighed, dér, under den massive sorte kappe, den sorte hat i hånden, så jeg spekulerede på om hundene havde fået strenge ordrer til at holde sig i baggrunden, ude af syne bag bilen. Her kommer det bedste. Allerede forbløffet over at jeg havde fået lov at leve længe nok til at finde ud af Dødens køn, betragtede jeg ham mens han gik rundt om den lange sorte limousine for at stige ind på bagsædet, hele dette iscenesatte, dramatiske optrin udfoldede sig lige foran mig i drømmen. Men som en sidehandling til denne tragiske scene, for enhver han tager med sig i bilen spiller med i en tragedie, så checkede han som sagt lige noget med chaufføren, gav hende en lille ting, en gave, & et ord med på vejen, måske et godt råd. For enhver anden, måske, end en poet som er trænet gennem mange, lange år i at lægge mærke til drømmeverdenens detaljer, ville denne udveksling synes uvæsentlig, noget man kunne ignorere. Dødens chauffør er en tusind år gammel kvinde. Jo, det er sandt & vist, hvad ingen har anet før nu, er at Dødens chauffør er hans mor.

Aubade for August

Beyond & far away, far beyond the cyclical turn of relentless ceiling fan above her half-clothed body on the bed in the other room, anciently preternatural, another, similarly relentless, if much finer sounding sound, no premonition, but celestial gear, the coming of dawn in the form of earth vaulting forward at high speed, water first in our case here, & already accounted for in other ways over there for friends in Norway, France, & the UK, this friction of Atlantic waves flung against breaking August sunlight, an opening chord most often caught by Bach, a combination of nativity & lamentation, there that says it, if crudely, nativity & lamentation.

En *Aubade* til August

Hinsides & fjern, langt hinsides den cykliske rotation af den ihærdige ventilator under loftet over hendes halvtpåklædte krop på sengen i værelset ved siden af, en ældgammel overnaturlig, ligeså ihærdig, men meget finere lyd, ikke en forudanelse, men det himmelske gear, daggryets komme i form af jordens hvælven sig fremad med høj hastighed, her hos os med vandet først, & allerede overstået i andre rækkefølger for vennerne derovre i Norge, Frankrig & Storbritannien, denne friktion fra Atlantens bølger der bliver kastet mod det frembrydende sollys i august, en åbningsakkord som Bach oftest fangede, en blanding af krybbespil & klagesang, ja dér fik jeg sagt det, om end primitivt, krybbespil & klagesang.

To Add to the Light of Day

That I only want to experience the new, & write it down is pretty much true. Between the fifty-three positions I've taken in this life, (I'm not talking about those licentious verses of Aretino based on the woodcuts of Marcantonio based on the erotic paintings of Giulio Romano, now, am I?) no, I'm talking jobs here. & unless the next one calls for all new experiences on which, from which, out of which, or whom, if they happen to be eager students to learn in an atmosphere of equality of attention of reading & turning life into words, then I don't want it. Otherwise, it's pure freedom for me for as long as it lasts now, & if lucky it will last beyond that in the role the roll the method has of carrying on the life after the life in the pages of the archive. Take last night, for example: there I was teetering of the top of the Roof of Time, the Present, no Elpenor by any means, but solidly ensconced within the late-night hour under a scholar's lamp, granted, somewhat drowsy, although no less curious to find something new to add to life, I turned to Nietzsche, the black, stern, merciless Nietzsche I know best through my own upbringing, the one whose voice rings with the no-holds-barred tenor of my own old man delineating the extremes in human nature entwined within each individual, which must be burned, forged, hammered to white heat by suffering, the exact quality Dostoevsky himself said the writer needs to write. Fifty-three positions later, I've tried just about everything, all I want is the present second, (the experience of suffering is a second skin in me), black, late-night hours where the abyss opens to a chilly, ecstatic recognition, are what I crave to add to the light of day.

At Føje til Dagens Lys

At jeg kun ønsker at opleve det som er nyt, & skrive det ned er tæt på at være sandt. I betragtning af de treoghalvtreds stillinger jeg har haft i mit liv (& her taler jeg ikke om stillinger som i de vovede vers som Aretino skrev på basis af Mercantinos træskærerarbejder, på basis af Giulio Romanos erotiske malerier, vel?)– nej, jeg taler om jobs hér. Med mindre den næste stilling kræver lutter nye erfaringer på hvilke, ud af hvilke eller hvem, hvis de er ivrige studerende der vil lære noget i en atmosfære af lighed, omhyggelig læsning & formulering af livet i ord, så har den ingen interesse. Ellers er det ren frihed for mig så længe det varer nu & hvis jeg er heldig vil det vare ved længere endnu i den rolle eller det terningkast som metoden hér har til at forlænge livet efter livet i arkivets sider. Tag nu for eksempel i aftes: Der stod jeg & svajede på Tidens tag, i Nuet, ganske vist ingen Elpenor, men solidt forskanset i en sene nattetime under en lærd mands lampeskærm, ganske vist lidt døsig, men ikke mindre nysgerrig efter at finde noget nyt at føje til livet, så jeg vendte mig mod Nietzsche, den sorte, strenge, nådesløse Nietzsche jeg kender bedst fra min egen opdragelse, ham hvis stemme klinger af min faders umådeholdne tone der udlægger yderpolerne i menneskenaturen der findes sammenslynget i ethvert individ, som skal brændes, smedes hamres hvidglødende gennem lidelse, lige præcis den kvalitet som Dostojevskij selv siger forfatteren må skrive frem. Treoghalvtreds stillinger senere har jeg prøvet næsten alt, alt hvad jeg begærer er det næste sekund (lidelsens erfaring er som min anden hud), sorte, sene nattetimer hvor afgrunden åbner sig med en isnende, ekstatisk genkendelse, det er hvad jeg har behov for at føje til dagens lys.

What More Could One Ask of a Day in October?

Beautifully-northern-latitudinal dark at 1:56 in the afternoon with deep colors glowing dourly out of the ground via maple & oak leaves; dark adding to richness of green; air crisp with portent, as if New England were many, many thousands of years older than its name, which it is. Ages speak today through surface depths. All Souls stirring. October is one of my months, one of our months, one of every Body's months, along with some of the disembodied, stirring. I once had work published in a magazine by the name *Stirring*, & only now seem to grasp its full meaning. Next month I'll read Tomas Tranströmer's work as I always do, what with his calling it, "November Luster of Precious Furs." His signature is carved right there on that page of *Selected Poems, 1954-1986*, which I value. Hope he'll win the Nobel someday. Although the committee must be reluctant to give it to one of its own. Thanks to them we now know more of the Romanian-born writer, Herta Müller, who survived that nightmarish dictatorship. That lack of Freedom must be such a contrast to the resonant dark today, the dark I hear, which started with Bach's, *Adagio for Sonata No. 1 in G Minor*, & has reached the melancholy lift of *Sarabande for Partita No. 1 in B Minor*. Red wine in small glass. Postcard of the 13th century Chinese handscroll, "The Pleasure of the Fishes," sent by a fellow poet, & held up by clear vase holding single rose. What more could one ask of a day in October? Other than another?

Hvad Kan Man Forlange Mere af en Oktoberdag?

Det smukke mørke på en nordlig breddegrad klokken 13.56 med dybe farver der gløder mut op af jorden gennem ahorn & egeløv; mørket lægger noget til det grønnes rigdom; luften er sprød af forudanelser, som om New England var mange, mange årtusinder ældre end sit navn, hvad det da også er. Aldrene taler i dag gennem overfladens dybde. Alle Sjæle rører på sig. Oktober er en af mine måneder, en af vore måneder, en af enhver Krops måneder, & også nogle af de ukropsliges, dem der er ved at røre på sig. Jeg fik en gang udgivet noget i et tidsskrift der hed *Rørelser*, & det er først nu jeg fatter den fulde betydning af titlen. I næste måned vil jeg genlæse Tomas Tranströmer som jeg altid gør fordi hans titel er "Novembers Skin af Dyrebare Pelse." Hans signatur står ristet dér på netop den side af bindet *Udvalgte Digte, 1954 – 1986*, hvilket jeg værdsætter. Jeg håber han får Nobelprisen engang. Skønt Akademiet må være tilbageholdende med at give Prisen til en af deres egne. Takket være dem kender vi nu den rumænskfødte forfatter, Herta Müller, som overlevede det mareridtsagtige diktatur. Hendes mangel på frihed må stå i en sådan kontrast til dagens klangfulde mørke, det mørke jeg kan høre, som begyndte med Bachs Adagio fra *Sonate Nr. 1 i g-mol*, & som er nået til det melankolske løft i Sarabanden fra *Partita Nr. 1 i b-mol*. Rødvin i små glas. Et postkort med en håndskriftsrulle fra Kina fra det trettende århundrede, "Fiskenes Fornøjelser," som en digterkollega har sendt mig, & som læner sig op ad en klar vase med en enkelt rose. Hvad mere kan man forlange af en oktoberdag? Udover endnu en?

October is Our Month: Love Poem Carved into the Tree of Life

for Kathleen

Woke up with her in mind. First consciousness straight out of dream expressing a silent Yes. Trust & lust hanging on to moments hours days nights weeks years lifetimes spent together. Gather raspberries at mid-day in her honor the same color as the tanker, *Freja Fionia*, part of the Lauritzen line out of Copenhagen. The sooner we accept Death's inevi-tability the finer Love's allegiance. Sex & Death are poetry's sole sub-jects, according to Yeats. Sky contains Eternity today, keeping an eye on me. I recalled a single regret in life earlier today, so meager it's slipped my mind. Seriously, mistakes & blunders, follies & traumas, be-trayals & seductions, each evolve into experience & language. Two white moths mimicked amoebas in their dance, twist, & separation into individuals today. If someone told me early on I'd sprout wings to fly, I might have tried. Instead, it's arms & legs, eyes & tongue, skin & sinew, embracing Love & Life, Sex & Death.

Oktober Er Vores Måned: Kærlighedsdigt Ridset Ind i Livets Træ

til Kathleen

Vågnede med hende i tankerne. Første bevidsthed hentet direkte fra drømmen et udtryk for et tavst Ja. Tillid & lyst holder fast i øjeblikke timer dage nætter uger år liv tilbragt sammen. Samler hindbær ved middagstid til ære for hende, samme farve som tankskibet *Freja Fionia*, et Lauritzen skib fra København. Jo hurtigere vi accepterer Dødens uundgåelighed jo finere bliver Kærlighedens troskab. Sex & Død er poetens eneste emner, ifølge Yeats. Himlen indeholder Evigheden i dag, holder øje med mig. Tidligere i dag kom jeg i tanker om en enkelt ting jeg har fortrudt i mit liv, en mager detalje jeg allerede har glemt igen. Reelt så udvikler hver fejltagelse & blundert, dårskab & galskab, forræderi & forførelse sig til erfaring & sprog. Der var to hvide møl der efterlignede amøber i deres dans, vridning & adskillelse til individer igen i dag. Hvis nogen havde fortalt mig i en ung alder at jeg kunne skyde vinger & flyve, så havde jeg nok forsøgt at gøre det. I stedet er det arme & ben, øjne & tunge, hud & sener, en omfavnelse af Kærlighed & Liv, Sex & Død.

Last Train to Montpellier

In the middle of the night the diesel-fuel-blue sound of the train collided with the brilliance of the moon. She knelt up on the bed to close the storm window. Then the dream, *The Private Viewing Parlor of Kazakhstan,* could begin in peace. She told me that some of the participants in the room merely embraced. Others, she revealed shyly turning in underpants & pantyhose as she dressed for work, did more. We figured most of it was triggered by the Paris sex shop scenes Kieslowski used for backdrop in the first of his tri-color films, *Blue,* which we saw earlier that night.

Since the self-titled dream called itself "Private," I didn't hound her for details. The young woman who performed on stage in the film, wasn't she afraid her father was in the audience? Didn't she tell Juliette Binoche he glanced at his watch in order to catch the last train to Montpellier? Wouldn't my wife, whose own father died when she was three, want him to join her *anywhere,* even in the viewing *parlor?* (In French, so *to speak?)* She steps bravely into the blue Monday of work, her unresolved longing, naked, played out on the big, blue screen of grief.

Sidste Tog til Montpellier

Midt om natten stødte togets blå diesellyd sammen med det strålende
måneskin. Hun rejste sig op i sengen for at lukke tagvinduet. Så kunne
hendes drøm, *En Privat Forevisning i Kasakhstan*, begynde i fred og ro.
Hun fortalte mig at nogle af de tilstedeværende i lokalet nøjedes med
en omfavnelse. Andre, sagde hun genert, mens hun stod i trusser og strøm-
pebukser og tog sit arbejdstøj på, gjorde mere end det. Vi besluttede at
det nok var affødt af scenerne fra de parisiske sex-butikker i Kieslowskis
første Trikolore film, *Blå*, som vi havde set aftenen før.

Eftersom hendes egen titel på drømmen indeholdt ordet "Privat" ud-
spurgte jeg hende ikke om detaljerne. Den unge kvinde som optrådte
for de private kunder i filmen var nervøs for at hendes egen far skulle
være blandt dem, ikke sandt? Sagde hun ikke til Juliette Binoche, at han
kastede et blik på sit ur så han kunne nå det sidste tog til Montpellier?
Ville min hustru, hvis far døde da hun var tre, ikke brændende ønske at
blive set af ham *hvor som helst*, selv i filmens private forevisningslokale.
Hun træder tappert ud i mandagens blå arbejdsliv, hendes uforløste læng-
sel, udspiller sig, nøgen, på sorgens store, blå filmlærred.

Leading to the Bend in Genuflect

I have such friends, isn't that where Yeats tossed the answer to the question of his genius? Here I am walking around with burnt holes in my knees, yet receive word that *genu* is Latin for knee, leading to the bend in genuflect. That sharing of the origin is an act of grand empathy in its own right, especially when sent toward a poet steeped in language as being. Suddenly, world forces come into play, straight out, sacred coincidences, when today a New York auction house announces an item coming up for bid as the Senufo *Kneeling Female Figure*, all of eleven inches high, which imagination makes taller, but still humble, what with shins extended below buttocks & back. Start to wonder about the origin of the word combined with the sacredness of the position, conjecturing whether women in primitive societies give birth kneeling? They do, they generate the race in supplication toward larger powers than themselves.

Frem til Bøjningen af at Knæle

Sådanne venner har jeg, var det ikke det Yeats henkastet svarede på spørgsmålet hvor hans geni stammede fra? Her går jeg rundt med brændte huller i knæene, men får så at vide at ordet for knæ på Latin er *genu*, hvilket leder frem til bøjningen af at knæle. Det at dele denne viden om ordets oprindelse er i sig selv en storslået venlig handling, især når den sendes til en digter der er fordybet i sproget som væren. Pludselig kommer der verdenskræfter i spil, rent ud hellige sammentræf, når der i dag kommer besked fra et auktionshus i New York om en genstand man kan byde på, en *Knælende Kvindefigur* fra Senufo-folket, hele 30 centimeter høj, hvilket fantasien straks gør højere, men stadig en ydmyg ting, hvis skinneben stikker ud under ryggen & dens bag. Jeg spekulerer på ordets oprindelse & stillingens hellige betydning, gætter på hvorvidt kvinder i primitive samfund fødte deres børn knælende? Det gør de, de skaber racen i ydmyg bøn til en magt der langt større end dem.

The Soul of Melville

Both of us noticed the richness & depth of light in November First, as if it were the richest & deepest yet, but today relapsed into light mixed with darkness most All Souls' Days demand from below. No denying their presence, movement, agitation. When I walked alone I didn't feel alone. Detoured into the bramble for what must be the last raspberries for the year, imagining that if I dropped even a drop of blood-red juice Souls would form a long ritual line of Homeric Nekuia. The search for Melville's Soul brought me all the way up to Brunswick & Hawthorne's former college, where within the confines of the library I stumbled on Melville's June 1, 1851 letter to his friend. "Dollars damn me...," tossing me forward onto the same citation in Olson's *Call Me Ishmael*. The week before Melville writes to Harper asking for an advance for *The Whale*. Hermetic research at its fortuitous, intuitive best, which I take no credit for, but offer up as valid evidence. Dollars damn me is just the internal/ infernal/eternal debate I left the house, as if a wreck, this morning. But listen, hear, Melville picks up the gauntlet within the same letter, saying he'll not "write the other way" in order to sell more books, or patronage or fame, but continue on with the path of difficulty, until together he & Hawthorne reach Paradise & find a shady patch of grass to stretch out & cross their celestial legs, while sipping from their smuggled basket of Champagne, "(I won't believe in a Temperance Heaven)," adding, "Let me be infamous..."

Melvilles Sjæl

Vi bed begge mærke i rigdommen & dybden af lyset denne første november, som var det det rigeste & dybeste lys nogensinde, men dagen i dag faldt tilbage til et lys der er blandet med det mørke nedefra som Alle Sjæles Dag kræver. Man kan ikke benægte deres tilstedeværelse, bevægelser, stimlen omkring. Selv om jeg spadserede alene følte jeg mig ikke alene. Jeg gik en omvej gennem krattet for at plukke de sandsynligvis sidste hindbær i år, og forestillede mig at hvis jeg spildte så meget som en dråbe af den blodrøde saft ville Sjælene danne en lang rituel kø til et Homerisk *nekyia*-ritual. Min søgen efter Melville's sjæl førte mig hele vejen op til Brunswick & Hawthorne's gamle universitet, hvor jeg i bibliotekets gemmer faldt over Melvilles brev af første juni, 1851 til sin ven. "De fordømte Dollars...", hvilket kastede mig frem i tid til det samme citat i Olsons *Kald Mig Ishmael*. En uge tidligere har Melville skrevet til Harper og bedt om et forskud på *Hvalen*. Dette er hermetisk forskning når den er bedst, intuitiv, men jeg tager ikke æren for den men tilbyder den blot som gyldig forklaring. "De fordømte Dollars" er den samme interne/infernalske/evige debat jeg forlod mit hus med, som en skibbruden i morges. Men hør efter, hør hvordan Melville tager handsken op i det samme brev, hvor han siger at han ikke vil "skrive på den anden måde" for at sælge flere bøger, eller få berømmelse eller protektion, men vil forblive på den svære sti, indtil han & Hawthorne når Paradiset & finder en skyggefuld plet hvor de kan strække sig & lægge benene over kors mens de nipper til den Champagne de har smuglet ind i Haven: "Jeg tror ikke på en Afholdshimmel", hvortil han føjer: "Lad mig blot miste mit gode ry & rygte..."

Dance Upon the Sea

Heading toward the end of the first year of the experiment of writing everyday seemed like a return voyage; now the sense of nearing home-port again at the end of the second. Ironic, now, how often Melville claimed a South-Seas whaling voyage took three years, sometimes four. [Long Time without Woman.] Working the hold of Japanese factory ships, unloading boxes of frozen fish in Gloucester, is the closest I've come to understanding the depth of Time at sea, other than here in his novel, which I've begun again, & where I marvel at, identify with, & Joy in with the crew of the Pequod setting out that midnight in the fore-castle dancing: the Maltese sailor, who asks where the girls are, or Sicilian sailor, agreeing, or the Azore sailor setting the tempo with his tambourine; Tahitian sailor imagining "holy nakedness of our dancing girls!"; Danish sailor with memories of ice in the Cattegat, [another place I've seen, while eyeing both my towhead blondes!!]; & Old Manx sailor casting his experienced, World-worn eye upon the Fate of the Lot.

Dans på Havet

Da jeg kom til slutningen på det første år af mit eksperiment med at skrive hver eneste dag føltes det som en hjemrejse; nu ved slutningen af det andet år er følelsen af at nærme mig havn igen stærk. Det er ironisk hvor ofte Melville skrev at en rejse til Sydhavet tog tre, nogle gange fire år. [Lang Tid uden en Kvinde.] Mit arbejde i lasten på de japanske fabriksskibe, med at losse kasser af frossen fisk i Gloucester, er det tætteste jeg er kommet på at forstå Tidens dybder til havs, bortset fra her i Melvilles roman, som jeg genlæser, & hvor jeg forundres over, identificerer mig med den følelse af Lykke hvormed besætningen på *The Pequod* stævnede ud den midnat de dansede under bakken: Malteseren som spørger hvor pigerne er, eller sicilianeren der er enig, eller ham fra Azorerne der slår takt med sin tamburin; sømanden fra Tahiti der fantaserer om "vore dansepigers hellige nøgenhed!"; den danske søulk med minder om isen i Kattegat [endnu et farvand jeg selv har set, hvor jeg gjorde øjne til begge mine blonde veninder]; & den gamle gut fra Isle of Man som kastede et erfarent, lidt livstræt øje på hele Bandens Skæbne.

According to Melville

Subtle ploys Melville uses to help us understand Ishmael is not telling the whole story, but this narrative scholar prepared for the long haul writing, himself, the draught of a draught. Call him Ishmael all we want, Melville orchestrates the drama under tutelage of Hawthorne & Shakespeare & his own unfettered instinct & courage. Love when he compares this endeavor to the architecture of Köln cathedral, [privileged to enter the vestibule there at twenty, walk down the path to the Rhine River to sleep on its banks], where the tower was left unfinished. According to Melville, the final copestone to any great work should be left to posterity. He personalizes his enterprise by imploring God for, "Time, Strength, Cash, and Patience!"

Ifølge Melville

Subtile virkemidler bruger Melville for at hjælpe os med at forstå at Ishmael ikke fortæller hele sandheden, men som fortællemester var han forberedt på det lange seje træk, da han skrev hvad han selv kaldte "et udkast til et udkast". Kald ham bare Ishmael, men det er Melville der orkestrerer dramaet under Hawthorne & Shakespeares kyndige vejledning, men med sit eget uhæmmede instinkt & mod. Vidunderligt nok sammenligner han sit gøremål med bygningen af domkirken i Köln [som jeg havde det privilegium at se skibet af da jeg var tyve, hvorefter jeg gik ned ad stien til Rhinen og tilbragte natten på dens bredder], hvor tårnet forblev ufuldendt. Ifølge Melville bør slutstenen på ethvert stort værk lægges af eftertiden. Han personliggør sit foretagende ved at bønfalde Gud om "Tid, Styrke, Kontanter, og Tålmod!"

Ahab's Opposite

The Veteran stood his ground on the corner of Commercial & Moulton Streets in downtown Portland feeding pigeons, whose circling wings seemed his only intimacy: Ahab's opposite. Stood ground in a wheel-chair draped with cardboard sign reading Veteran needing help. We searched our wallets for the Lincoln *finnif* offering it to him, whose hands, by then, folded in calm humility, polar opposite of hubris, accepting it with similar reticent gratitude just above both amputated legs at the knees. I didn't put 2&2 together at the Time, but returning home finished reading, & found Ahab claiming the gold doubloon once again, as if some ancient Midas, ivory leg dashed to splinters, along with what he makes a point of calling in his second-last breath the "American" wood of the boats taken down with him.

Ahabs Modpol

Veteranen holdt fanen højt på hjørnet af Commercial & Moulton Street
i Portlands centrum, mens han fordrede duerne hvis svirrende vinger
var hans eneste nære fortrolige: Ahabs modsætning. Han holdt fanen
højt i en rullestol med et papskilt hvorpå der stod: Krigsveteran – kan
bruge lidt hjælp. Vi gennemsøgte tegnebogen for en Lincoln femmer
og gav den til ham, hvis hænder så foldedes i ro og ydmyghed, det stik
modsatte af hybris, tog imod den med tøvende taknemmelighed, hæn-
derne i skødet lige over de to amputerede ben. Jeg lagde ikke to & to
sammen på det Tidspunkt, men vendte tilbage til min læsning derhjem-
me, & fandt dér Ahab der krævede sin gulddukat tilbage igen, som var
han en gammel kong Midas, med sin protese af elfenben slået i splinter,
ligesom træet fra de både som han med sit næstsidste åndedrag gør en
pointe ud af at kalde "amerikanske," før han tager dem med sig i dybet.

Disembarking

Disembarking the craft carried me around the world for two years &
two days, writing, blank pages & blank screens, not always real seas,
nor Charybdis, I greet you simply, as a Martinique fisherman does re-
turning to port, "Still alive."

Landgang

Landgang fra det fartøj der har båret mig verden rundt i to år & to dage, hvor jeg har skrevet på blanke sider & blanke skærme, havene var ikke altid virkelige, ej heller Charybdis. Jeg hilser dig nu så ligefrem som en fisker fra Martinique når han kommer i havn: "Stadig i live."

For Their Archive

Where once I had that fine sliver of a slice of sea a short distance from my study, then long-dreamt-of overview of working wharves, sea, & islands, at great price, now the minor, jagged, meager, inconsistent, cordial reach of trajectory toward as far away as I can get these days, at this age, in this economy, according to our means, where right now the horn of a cumulonimbus cloud heads east toward us, while looking *up* first, as poets are accused of doing, as in the case of Baudelaire. Guess I'd better look down at the grass, which I just did, with its satisfactions. I'm not deprived. So what if I want to spend my last days in a foreign land, where more than a handful of cognoscenti see the worth, if not importance of forty years of writing in revolt, writing against, unearthing, as Kristeva says: *revolutionary* in the way of the unconscious gaining "access to the archaic."

        *   *   *   *   *

Then they buy my papers, notebooks, & library for their archive; establish a chair in my name; invite me to cross borders & boundaries in order to spend the last of my days praising their inhabitants, geography, history, foresight, sky, & Time.

Til deres arkiv

Hvor jeg engang havde den fine splint af havets spejl tæt på mit ar-
bejdsværelse, derefter et længe drømt om udsyn over arbejdet i dok-
kerne, på havet & øerne, dyrt betalt, følger jeg nu en lavere, brudt, snæ-
ver, uberegnelig, hjertenær bane, hvis kurs er sat så langt bort som jeg
kan komme nu om dage, i min alder, givet den nuværende økonomiske
situation, med vores pengepung, nu hvor en cumulonimbus skys horn
er på vej øst, mod os, mens jeg kigger *opad* først, som digtere ofte be-
skyldes for, som tilfældet var med Baudelaire. Måske skulle jeg hellere
slå blikket nedad mod græssets glæder, som jeg just har gjort. Jeg er
ikke blevet snydt for noget. Hvad så om jeg har lyst til at leve mine sid-
ste dage i udlandet, hvor der er mere end blot en håndfuld kendere der
kan se værdien i et fyrreårigt forfatterskabs revolte, modskrift, skrift
der graver *revolutionært* i det ubevidstes forstand, skaber "adgang til
det arkaiske", som Kristeva siger.

*   *   *   *   *

Så køber de mine papirer, notesbøger & bibliotek til deres arkiv; opret-
ter et professorat i mit navn; inviterer mig til at krydse & overskride
grænser for at tilbringe mine sidste dage med at prise deres indvånere,
geografi, historie, forsyn, himmel & Tid.

JAGGED | TIMELINE

Afterword

ROBERT GIBBONS

What Bent Sørensen presents here in two languages is far more than I could, or would present via my monolingual American. When he first sent the manuscript to me from Klitgaarden in Skagen at the end of his week-long retreat devoted to making the selection & translations, I took a brief look at the table of contents, astonished at his uncanny choices, then gave a quick perusal of the text's inner workings, including more than a few I'd forgotten writing, what with having written every day for two years & two days. My influences are here illuminated: Proust & Kristeva, Kerouac & Olson, & in the immortal words of Frank O'Hara, I began to, "see myself as others luckily see me in a good light."

Bent often expresses interest in the music of language, particularly as it rings with notes & blasts, improvisations & guttural soundings of American jazz, just as his partner in such syntheses, Camelia Elias, lends her critical ear to words which find such range & pitch fortunate enough to consort with classical & baroque subtlety. Early references here in *Jagged Timeline* to Bill Evans & Bach amount to Prelude. Music, Time, Body, & the process of writing itself flow toward this unexpected, almost novelistic assemblage of pieces centering upon a silver coin, *Liberty Walking,* dug up out of the snow & ice of Maine become talisman for the Dream West turned Real West, an age-old theme in America presented here through Bent's uncanny ear & eye possessing a plot I could not have conjured.

The novel within no novel ends as I would my own, *Paris Without End,* with no one dying, but abruptly casts a series of political pieces at Times condemnatory of this Space confining so many here in America. I thanked Bent for including these, writing to him after the initial read, "I don't think any book published abroad (of mine) should be without that reality check of American iron for lack of a better word for whatever it is weighs us down." Almost instantaneously afterward, I thought of the "strange American iron" Kerouac says is inevitably applied to straightening out a boy like Cody Pomeray. Crazily, too, I soon tracked down Olson's review of Brooks Adams' *The New Empire,* which Olson wrote asking why the book published in 1902 remained out of print, a book that theorizes that all movement in history is based on metals & trade, resulting in centralization of power, tracing Sinai & copper to 3500 BC, Troy & gold to 1450, & quotes Adams, "America [in 1897] completed her reorganization, for in that month the consolidation at Pittsburgh undersold the world in steel, and forthwith the signs of distress multiplied."

Kerouac saw Cody Pomeray's face molded by metal bars of a jail cell. Freedom, here in America is an ideal I have striven for, & found more in language than in real life. However, what Mr. Sørensen does here is offer, through the auspices of his own objectivity & thorough critical scholarship, a chance to see that language is real life.

www.ingramcontent.com/pod-product-compliance
Lightning Source LLC
Chambersburg PA
CBHW020858090426
42736CB00008B/414